地理大千世界丛书

学以致用

xueyi zhiyong

策划 宝骏 建华

主编 谭礼 罗奕奕

百花洲文艺出版社
BAIHUAZHOU LITERATURE AND ART PRESS

编写说明

本着激发地理求知兴趣、开拓地理视野、服务中学地理教学的宗旨，本套丛书从宇宙、大气、海洋、地表形态等方面对地理知识进行了多角度的阐述。丛书力求突出如下特色：内容生动活泼，选材主要来自日常生活、社会焦点和科学技术前沿；栏目新颖丰富，设置了智慧导航、小风铃探究、眼镜爷爷来揭秘、智慧卡片等栏目；结构清晰严谨，每册丛书有一个主要课题，每个章节都对这个课题进行了诠释。

本套丛书对丰富学生地理知识、培养地理学习兴趣、树立正确的地理情感和观念有着积极的作用。它是中学地理教材的重要补充，是学生获得更多地理知识的重要来源。本套丛书注重知识的探究、发现、感悟和建构，对学生思维能力、分析操作能力的培养也是大有裨益的。

全套丛书共十册，由叶滢主编，其中《宇宙星神》由王雪琳、廖琰洁主编，邓春波参加编写；《风云变幻》由徐强、兰常德主编，汪冬秀、肖强参加编写；《走进海洋》由刘林、肖强主编；《华夏览胜》由邓春波、彭友斌主编，廖琰洁参加编写；《世界漫游》由文沫、赖童玲主编，邱玉玲参加编写；《鬼斧神工》由汪冬秀、刘小文主编；《人地共生》由刘煜、徐小兰主编；《自然灾害》由胡祖芬、谢丽华主编；《学以致用》由谭礼、罗奕奕主编；《千奇百怪》由杨晓奇、邱玉玲主编。全套丛书由叶滢负责统稿定稿，廖琰洁、邱玉玲、徐小兰、肖强也参加了统稿工作。

在本书的编写过程中参考和引用了一些学者、教师的研究成果及相关资料，限于篇幅不能一一列举，在此一并表示诚挚的感谢！

这套丛书的出版，希望能得到广大中学生读者的喜爱。地理知识是博大精深的，也是不断与时俱进的。限于我们的水平和时间，这套丛书中难免会有不尽如人意之处。我们诚恳地希望大家提出宝贵意见，以便日后修改，不断完善。

丛书编写组

2012年7月

目录

mulu

第一章　我家要买房

智慧导航

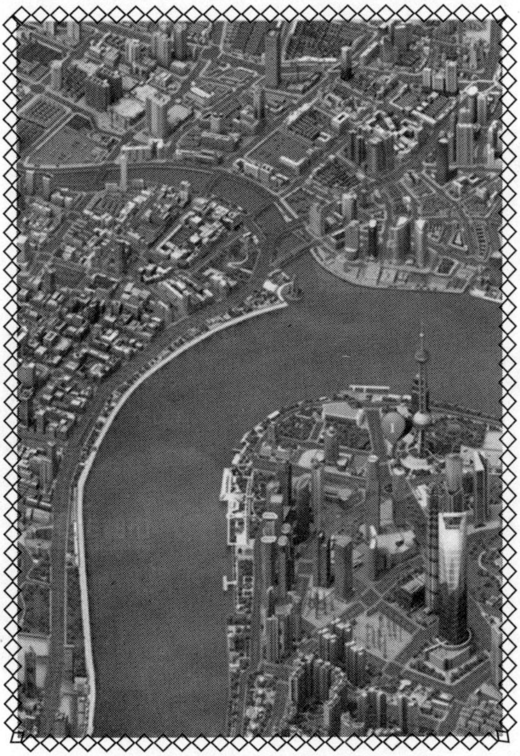

宾仔学地理

周末的大清早，妈妈把睡眼惺忪的宾仔拉了起来，还兴高采烈地嚷嚷：“儿子，妈妈带你看房去！”“看房？有什么好看的哦？在哪买不都一样啊？我要睡觉！”对于宾仔而言，未来的新家在哪，他并不太关心，当然更重要的是，宾仔并不知道该怎么去关心这件家里的头号大事。最后和往常一样，他没能拗过妈妈，还是去了。

买房是门学问，跟我们地理很相关哦！

一、选址

小风铃探究

城市很大，大得让你觉得有点乱。到处是楼房、到处是街道，整个城市似乎都被人和车子塞满。就是在这样一个地方要找出一块地来安家的的确确是个难题。不过，问题只要能提出来，我们就有办法解决它。

智慧卡片

城市：具有一定的人口密度和建筑密度，以从事非农业活动的人口为主的较大居民点。

眼镜爷爷来揭秘

城市有哪些功能？

我们的城市有很多功能，如工厂可以生产各种产品、仓库可以储藏东西、公园可以休闲娱乐等。各项功能各有特色，如有些工厂会散发出难闻的气味，公园的花草树木

常见的城市功能区

住宅区：城市用地面积最大的功能区

工业区：一般位于城市的边缘，交通发达地区

商业区：位于城市的中心及干道两旁

文教区：科研院校集中分布区

休闲区：一般以公园形式出现

郊区：城市外围，提供农副产品

非常茂盛，而且空气清新，假如把工厂建在公园里面，市民肯定会反对。所以我们要对城市的各种功能进行分区布局，这样才能创造一个良好的生产生活环境。

常见的城市问题

环境污染

交通问题

各种社会问题

住房紧张

城市有哪些问题?

城市中人口和生产活动集中，既提供了便利也带来了一系列的问题，这些问题将严重影响城市的居住环境。

智慧卡片

印度达哈维贫民窟

走进因《贫民窟的百万富翁》而出名的达哈维的街道，可能会被街上敞开式的下水道绊倒。贫民窟内的房屋中间用粗糙的木板隔开，楼层高都不到1.5米。平均每15个家庭共用一根水管；大部分居民家里没有排水系统，每1440个人共用一个厕所；没有人清运垃圾。

二、排水、采光、通风

小风铃探究

挑房子的学问很大，需要考虑的问题也很多。面对一栋栋、一套套的房子，我们最需要考虑哪些因素？

眼镜爷爷来揭秘

上一节我们学会了在城市哪些区域选择住房。在日常生活中这些地方往往是一个个小区或者说楼盘，但当你来到这些地方的时候会发现，这里有很多栋楼，每栋楼又有很多层，而且每一层又有很多套。面对这样的现实，我们仅仅知道去哪里买房还远远不够，还得会挑。

放心，地理可以帮你。

北京四合院

东北大院

武汉的明堂

广东的天井

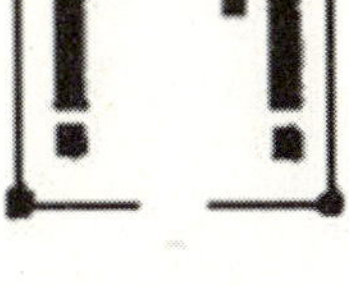

东北大院

北京四合院

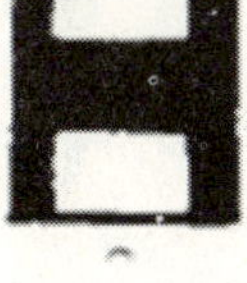

武汉的明堂

广东的天井

我们先来了解一下传统民居宅院的布局特点，看看祖先的智慧能给我们什么启发。

在我国传统民居中，院子是最典型的布局，从东北到广东到处可见院子，那这些院子有什么区别和差异呢?

仔细观察我国从北到南四合院格局图，看看最大的区别是什么?

答案是由大院变成了天井，是什么原因呢?简单地讲就是越往南太阳光线越强，越往北太阳光线越弱。为了遮阳，南方建筑物尽可能缩小间距，便可借建筑物的遮挡获得较大的阴影区；北方为了抵御漫长冬季的严寒，必须争取更多的太阳光线，避免建筑物相互遮挡，强调建筑物之间保持较大的间距。

这个案例告诉我们，购房时必须充分考虑自然环境。

被城市内涝淹没的街道

排水

“落雨大，水浸街”，一首因广州亚运会而为人熟知的童谣，唱出了每逢夏秋两季许多城市难以摆脱的梦魇。要

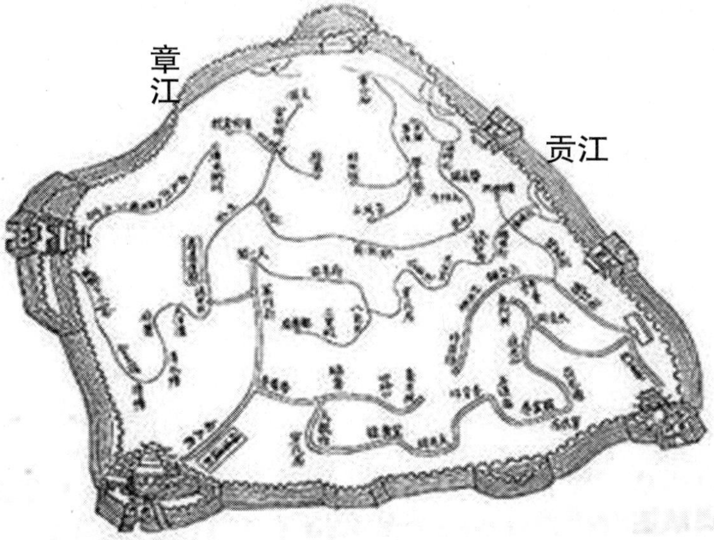

福寿沟

避免买到易成“泽国”的小区，首先需要知道城市内涝产生的原因。

城市的排水系统设计不合理，导致雨水无法及时排除。江西赣州已有千年历史的福寿沟，是一套近千年前古人创设的地下排水系统，一个至今还在发挥作用的“活文物”。

“福寿沟”由3大组成部分：

城墙：防洪堤，防止江水淹城。

沟：排水，天然地形的高低之差，采用自然流向。

塘：蓄水，调蓄、养鱼、溉圃和污水处理等综合效益。

城市大范围硬化，被水泥硬化后的地表，雨水只能往地势低的地方流，马路成了排水沟，立交桥下、隧道里容易积水，形成了城市内涝，我国南方很多城市甚至逢雨必涝。

用地理

为了避免小区雨天地表积水，小区地势要高，排水系统完善、绿化面积大。

智慧卡片

从排水到留水

在水资源短缺的背景下，通过扩建下沉式绿地、铺设透水地砖、充实地下水、利用屋顶集雨等方式，变“排水”为“留水”。

采光

卖房子的那些大姐姐在介绍房子时，一定会提到采光，而且会说他们的房子采光有多好多好，在她的介绍中有两个词一定会出现：

“间距”、“朝向”。

要搞清楚采光问题，必须抬头，看看我们头顶上的那个太阳。

首先我们来了解一下“间距”问题，在空气中光线沿直线传播，所以如果间距不够，后楼的阳光就会被前楼遮住。而房屋间距又涉及土地资源利用效率和房地产开发商的利益。

智慧卡片

采光权

指房屋的所有人或使用人享有从室外取得适度光源的权利，物权法规定建造建筑物，不得妨碍相邻建筑物的通风、采光和日照。

房屋采光

开发商在楼间距上的态度

智慧卡片

太阳高度

对于地球上的某个地点，太阳光和地平面之间的夹角。

在这里我们不讨论房屋间距计算问题，只告诉大家一个判断方法。如果每年12月底，正午甲楼的影子不会投射到乙楼上，就能保证乙楼一年大部分时间正午可以有阳光照射。另外可以这样估算：南北朝向甲楼高约0.7倍，东西向则为甲楼0.5倍。

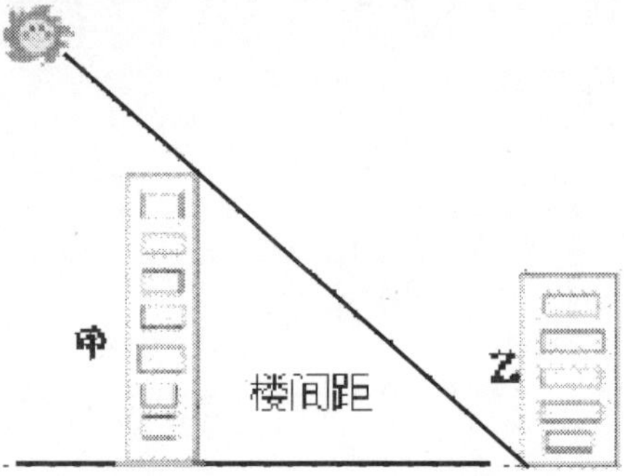

“朝向”问题仍然与太阳密切相关，你知道太阳从哪里升起吗？肯定东边哦！那你有没有观察一下是东北还是东南呢？请看下图。

3月21日/9月23日

仔细观察上图，可以总结出以下规律：

3月21日到9月23日，太阳东北升起，西北落下；

3月21日或9月23日，太阳正东升起，正西落下；

9月23日到来年3月21日，太阳东南升起，西南落下。

另外，我国大部分地区，正午太阳都是从南边照射过来，从图中还可以观察到一年中太阳大部分时候从南边照射过来。

从以上规律可以看出，房间的朝向不同，各季节房间内的光线变化规律将不一样，在一天内光线的变化也不一样。

一般来说，一天之内阳光能射入房间2到3小时，对于消除房间内湿气、杀灭细菌、调节室内温度、加速空气流动均有好处，因此，居屋朝向以南向或偏南方向为佳。

对于厨房，应避免西向为宜，因厨房内本来已有热源，再接受阳光直射，其温度会更高。卫生间也以能接受一定的阳光照射为宜，因卫生间相对来说阴暗潮湿，有阳光的射入能避免病菌滋生。

用地理

房屋采光

两楼间距：越大越好；最佳朝向：坐北朝南。

测太阳高度角

工具：跳高用的杠杆或学校旗杆、手表、卷尺、标杆等。

步骤：垂直竖立一根标杆（旗杆）OP，测得影长OP′，利用正切=OP/OP′，计算出∠a的度数，就是太阳高度。记录好时间、方位。填好实验记录。

观测时间			
太阳方位			
太阳高度			

通风

售楼大姐姐还喜欢讲的是房屋的通风情况，在她们口中哪栋房子的通风都很好，其实等于没说。

房屋的通风主要考虑两个方面：空气的质量，空气的流通。

如果一个人在空调或风扇口抽烟，那么整个房间都能闻到呛人的烟味。面对这种情况你有两个办法，把他赶走或你更靠近风口。

对于一个城市而言，污染空气的工业就是那个“抽烟的人”，为了保障城市空气质量，排污工业一般布局在城市盛行风下风向或垂直风向的（盛行风的）郊外。

智慧卡片

盛行风

又称最多风向，是指一个地区在某一时段内出现频数最多的风或风向。

对于住宅区而言，优先布局在城市盛行风上风向，基于同样的道理，住宅区还应该布局在河流上游。

炎热的夏季，良好的通风往往同寒冷季节的日照一样重要。现代住宅建筑比较讲究营造“穿堂风”，用来通风避暑。我国夏季多为东南风，冬季多为西北风。因此如果住宅有南北两个朝向，夏季能有穿堂风就能保持房屋通风降温。

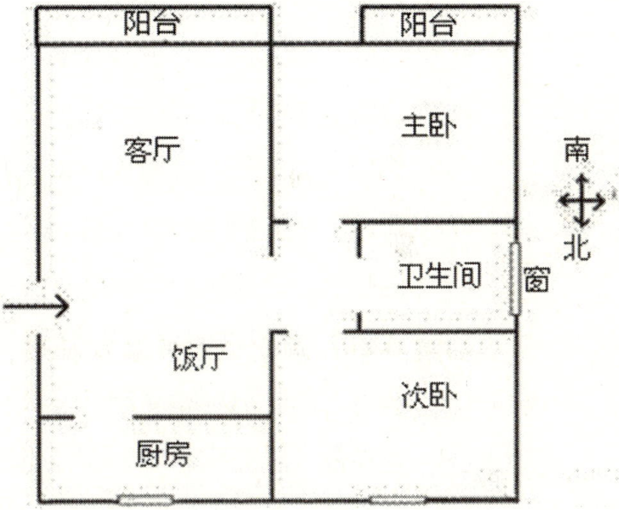

右面是陕西西安一居民住房户型图。图中可以看出该房屋南北通透且南边设有大阳台，北边窗户明显更小，这种布局有利于通风，又可以减少冬季寒冷的西北风的影响。

走走想想看看

小区尽量选在城市的上风向和上游。

房屋布局应该考虑当地风向，促使形成“穿堂风”用来夏季降暑。

地理百科

城市之最

世界上面积最大的十大城市：

N01　东京　总面积2155平方公里

N02　纽约　总面积780平方公里

N03　伦敦　大伦敦市总面积1580平方公里

N04　汉城　总面积为605平方公里

N05　洛杉矶　总面积1200多平方公里

N06　大阪　总面积204平方公里

N07　香港　总面积1103平方公里

N08　芝加哥　总面积590.5平方公里

N09　多伦多　总面积632平方公里

N010　墨西哥城　总面积约2018平方公里

世界上最古老的城市

巴勒斯坦境内的埃里哈城郊有驰名世界的最古老城市耶利哥。耶利哥的本意是“月亮城”和“香料城”。从公元前1万年起，人类就已经在这里定居。

最小的城市：荷兰海牙马德罗丹小人国

最北端的城市：挪威斯瓦尔巴群岛朗伊尔城（位于北纬78度）

人口最密集的城市：马累（马尔代夫，人口密度达每平方公里48，007人）

妇女生育率最低的城市：香港（平均每一名妇女只生育0.95名婴儿）

世界GDP最高的城市：东京（2008年为11910亿美元）

世界人口最多的城市：东京（2008年为3560万人）

世界上最大的城市群：东京（面积2155平方公里）

世界人均GDP最高的城市：纽约（2008年为61000美元）

世界摩天大楼最多的城市：香港（有超过500栋150米以上的摩天大楼）

世界上经济生产规模最大的城市：东京

第二章　智能手机还能做什么

智慧导航

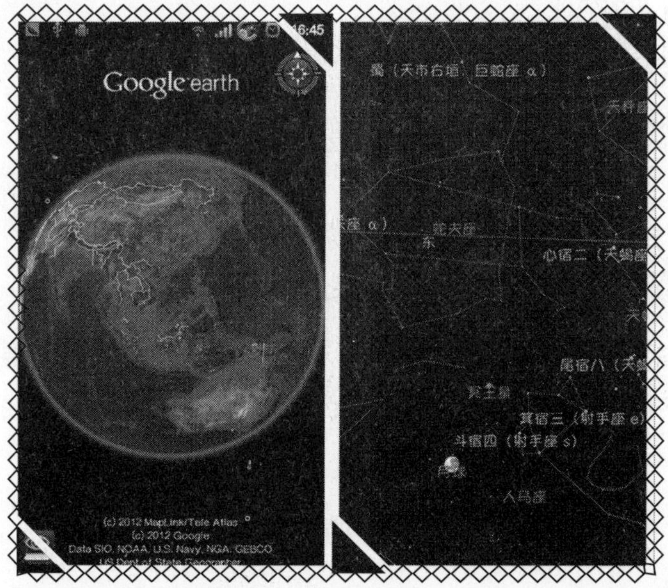

手机+电脑=智能手机

智能手机+海量应用≠游戏机

智能手机+移动互联网≠社交工具

智能手机+地理信息技术+移动互联网＝一种全新的生活体验

地理信息技术终于从科研院校走进了寻常百姓家，人类从没有、如此便捷、如此普遍地获取过地理信息。

宾仔学地理

作为新年礼物，宾仔获得了一部手机，虽然是老爸淘汰的，但好歹宾仔也有手机了，而且是智能手机。宾仔惊奇地发现智能手机功能真的太多了，在电脑上能玩的，手机基本都能玩，电脑上不能玩的，手机上也能。虽然功能强大，但是宾仔也就打算把他当游戏机和社交工具用，比如聊QQ、发微博，最多再看看漫画听听歌、看看视频。

如果你仅仅把你的智能手机当成超级玩具，那你真的让它屈才了。

这一章将告诉你如何将智能手机“玩”得与众不同。

一、GPS

小风铃探究

GPS是什么？GPS能做什么用？GPS能否与智能手机结合后产生新的功能？

GPS是英文GlobalPositioningSystem（全球定位系统）的简称，是美国军方的一个项目，由布局在太空中的27颗GPS卫星星座、地面控制系统、用户设备三部分组成，类似的系统还有俄罗斯的GLONASS系统、欧盟的伽利略系统及中国的“北斗”系统。

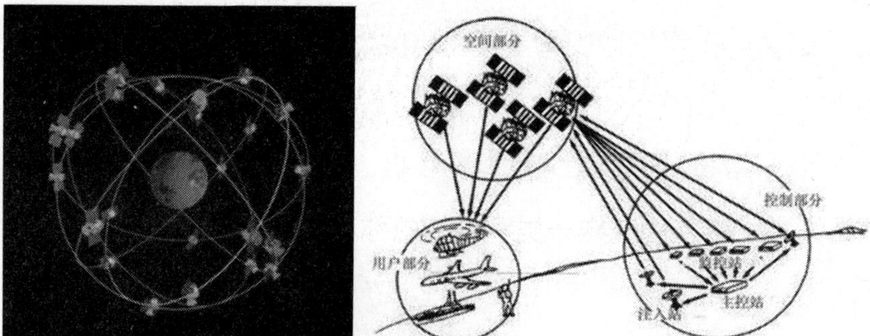

美国GPS系统及组成部分

GPS核心功能是为用户提供定位服务，用户可以从GPS系统中获取到所在地的经度、纬度、高程（海拔）、速度及精确的区时，在此基础上用户就能实现如导航、测距、测面积、授时等功能。

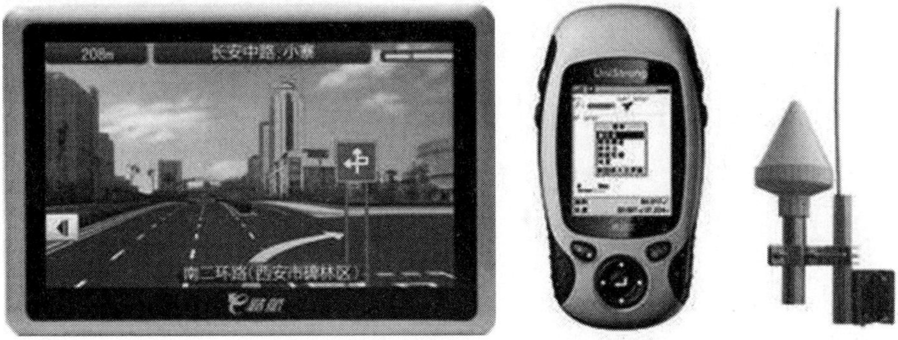

常见的GPS产品：导航仪、测亩仪、GPS授时仪

智慧卡片

智能手机

智能手机像个人电脑一样，具有独立的操作系统，可以由用户自行安装软件、游戏等第三方服务商提供的程序，通过此类程序来不断对手机的功能进行扩充，并可以通过移动通讯网络来实现无线网络接入的这样一类手机的总称。

目前比较流行的手机操作系统IOS、Android、Symbian、WindowsPhone和BlackBerryOS。本章中提及的软件是基于Android操作系统的手机。

专业的GPS手持设备功能强大，集成了GPRS通讯、蓝牙技术、数码相机、麦克风、海量数据存储、USB/RS232端口于一身，但价格昂贵，操作复杂，非专业人士很少购买，在很长一段时间对于普通百姓而言GPS只是美国大片中间谍们炫酷的装备之一，集成了GPS信号接收模块的智能手机的出现打破了这一现状。

如今智能手机的价格不断走低，但功能却日益完善，并出现了日益普及的趋势，与此同时越来越多的智能手机集成了GPS信号接收模块，这为智能手机实现GPS手持设备功能提供了前提。

首先你肯定会问美国人会不会收GPS信号的费用？你用收音机听广播吗？广播信号收费吗？不收。实际上，GPS和广播信号一样，是免费使用的。美国有27颗卫星免费发送信号到地面，你只需要有一个GPS卫星信号接收器，就可以免费地接收卫星信号了。

智能手机有了GPS模块，再安装相应的软件就能实现众多专业GPS上的功能。

读取GPS信息

智能手机厂家一般都附带了地图软件来调用GPS模块进行定位导航，但是并不能直观地看到GPS信号中所包含的信息。

在手机中下载安装Ulysse Gizmos，打开手机GPS，软件可直观地读取GPS数据，包括所在地的经度、纬度、海拔、速度，同时还能获取时间及当地天空定位卫星的数量与位置，该软件还集成了指南针、水平仪、磁场仪等专业GPS接收器才有的功能。

UlysseGizmos软件读取到的GPS信号信息

变身GPS面积测量仪适用

专业的GPS面积测量仪由高精度的GPS定位系统、精确面积计算方法和智能化的掌上电脑系统结合，适用于农田、绿地、森林、水域、山坡等面积的测量，一次测量可同时获得测量面积、周长、距离、坡度等数据，这需要一套庞大的设备。现在你只要在智能手机上安装一个小软件，就可以实现面积和距离的测量。

在手机上下载安装Distance and area measurement，开启GPS，打开软件。待红色“唤醒信号”变成绿色“准备”后开始记录。借助它可以测量自家承包土地的面积，操场面积，无聊一点的话骑自行车去测量城市的周长和面积。

虽然精度没法和专业设备比，但毕竟几乎零成本，傻瓜操作，携带又极为便捷，也就知足吧。

变身远距高度测量仪

Distance and area measurement极为简洁的操作界面

很多时候对于周遭的物件，我们只是需要粗估大略的高度或长度，而并非真正的需要详细精确的量测数字。因此，这样的工具倘若能随手可得，而又方便快速地运用，这就是这个软体的最大目的。

假设A点是手持行动装置的量测人员，B点是待测高度的物件位置，因此可以利用GPS与GoogleMap上的标定，得到A-B之间的距离(定义为d，单位为公尺)。再透过手机镜头瞄准待测物体，即可获得手机的俯仰角度。基于三角函数的运用，所求的物件高度(定义为h)，就可以利用h=d×tan(θ)，简单的数学计算式得到。

在手机上下载安装RemoteHeightMeter，本软件利用了智能手机可以接收GPS信号的特性，A点采用GPS卫星定位标定坐标，并利用网路载入GoogleMap的特性，由使用者在屏幕上点选B点，程式会自动计算出A-B两点之间的直线距离。

此时使用者再利用照相镜头，预览模式下同步侦测智慧型手机装置的俯仰状态，即可得到关键性的俯仰角度θ。配合三角函数的运算就可以达到此一目的。

在日常生活中GPS的另一个重要应用是导航，因为这还涉及另外一个重要的地理信息技术，将在本章后面提及。

RemoteHeightMeter操作界面

走走想想看看

带着你的智能手机去穿街过巷，去你平时熟悉的建筑和场所获取它们的地理信息。

二、RS

小风铃探究

怎样的观察会让“地球是圆的”这一定论最有说服力？智能手机怎么使用RS数据？

“地球是圆的”有很多办法去证明，但都没有比去大气层外俯瞰整个星球来得直接而有说服力，这里面包含的最重要的原理是站得高看得远。人类技术的进步已经不仅仅满足在高处“看”地球，而是在高处分析地球，这就是RS（remotesensing）技术即遥感，一种非接触的，远距离的探测技术。

航天飞机拍的可见光下的地球

热红外下的地球：
图中颜色越黑表示越热，越白则越冷

当前遥感形成了一个从地面到空中，乃至宇宙空间，从信息数据收集、处理到判读分析和应用，对全球进行探测和监测的多层次、多视角、多领域的观测体系，成为获取地球资源与环境信息的重要手段。

汶川地震中用于高空拍摄的无人机

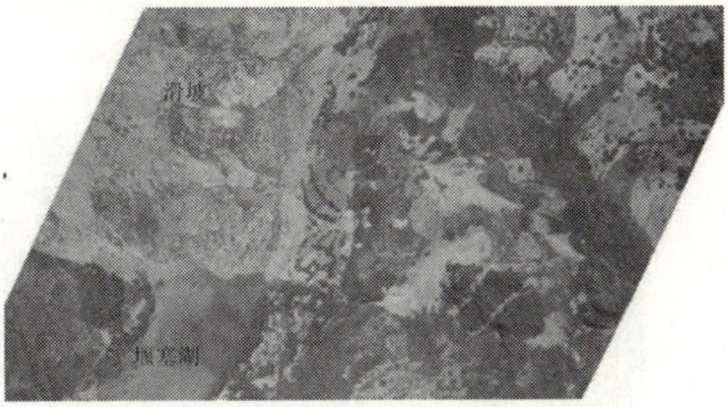

5月22日北川地区湔江滑坡
以及堰塞湖的无人机遥感影像

遥感在自然灾害救援中也有着广泛的应用，如在抗震救灾中根据遥感影像全图以及房屋与道路损毁严重情况时空分布的评估图，可以设计出科学的救援方案，从而可以救更多人的生命！

智能手机因具备完善的移动互联能力，所以可以便利地查阅互联网上的遥感影像数据。通过访问中国天气网（http：//www.weather.com.cn）可以查阅中国境内实时的气象卫星云图。

通过访问谷歌地图（http：//ditu.google.cn/）可以查看各地的地形、卫星图等遥感信息。

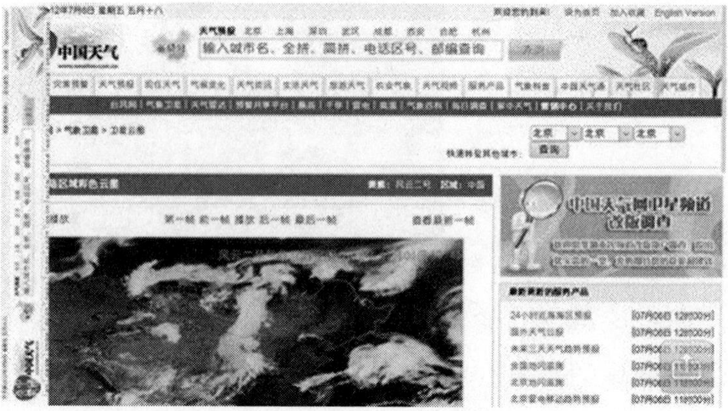

中国天气网上的国内实时气象卫星云图

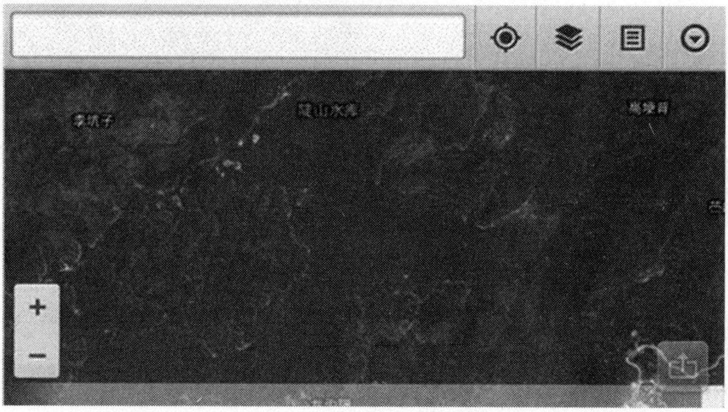

某地水库卫星遥感图

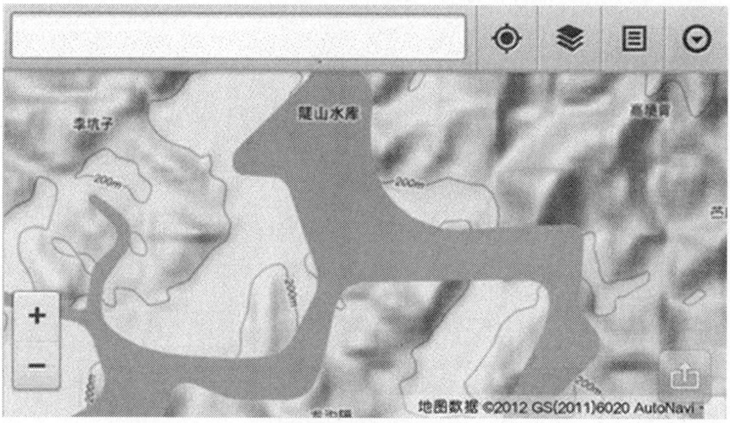

某地水库地形图

智慧卡片

遥感所采用的基本原理

由于每一种物体的物理和化学特性以及入射光的波长不同，因此它们对入射光的反射率也不同。各种物体对入射光反射的规律叫做物体的反射光谱。遥感探测正是将遥感仪器所接受到的目标物的电磁波信息与物体的反射光谱相比较，从而可以对地面的物体进行识别和分类。

用地理

在陌生城市或有手机信号的野外，登录谷歌手机地图，可以查阅获取周边建筑的分布、道路的走向及地势的起伏，从而为线路选择提供依据。

三、GIS

小风铃探究

汽车上的导航很多人也将其称之为GPS，这种叫法是否科学？GIS技术与GPS和RS技术有何区别和联系？智能手机上的GIS系统如何改变我们的生活？

“GIS即地理信息系统（Geographic Information System），地理信息系统是以地理空间数据库为基础，在计算机软硬件的支持下，运用系统工程和信息科学的理论，科学管理和综合分析具有空间内涵的地理数据，以提供管理、决策等所需信息的技术系统”。这个概念很专业，专业到以你目前的知识压根就不知道它在讲什么，但我们可以这样简单去理解GIS：将GPS和RS收集到的地理信息，通过计算机进行管理分析，并服务于生活和工农业生产。

你能接触到的最典型的GIS系统是汽车上的导航仪。导航仪不仅需要GPS信号来确定汽车的三维位置、方向以及运动速度和时间方面的信息，还需要基于RS信息绘制的电子地图，而要实现导航功能就需要导航软件对路径进行分析计算。

谷歌地图手机版是个简便的GIS系统，提供了定位、本

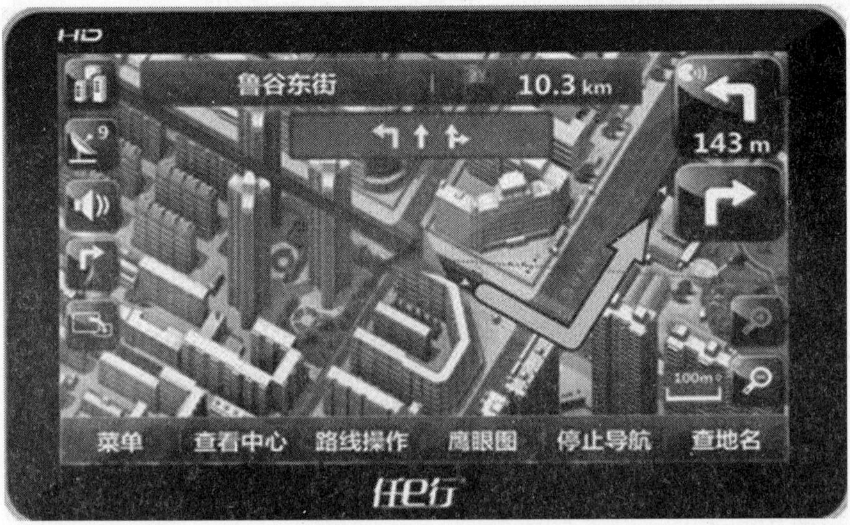

导航软件生成的路径

地搜索、导航、纵横、位置记录、路线规划等功能，还提供了实时路况、卫星地图、地形、公交路线等图层，可以大大方便日常生活。

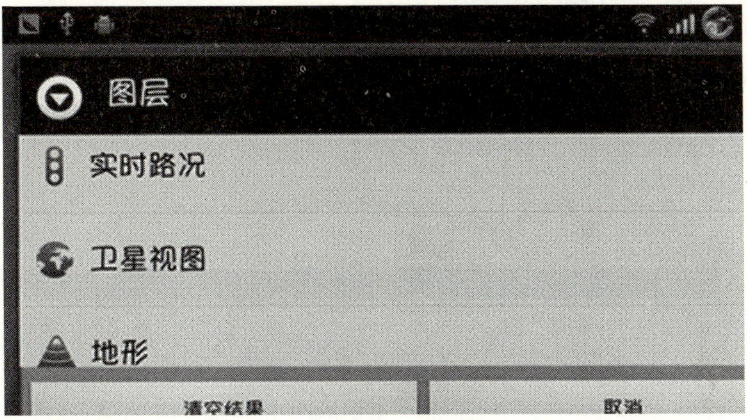

各图层存储了不同的地理要素，图层是GIS系统的重要特征

下面我们演示一下用谷歌地图完成订酒店、制定去酒店的路线两个任务。

首先定位功能可以告诉使用者在何位置，同时基于此搜

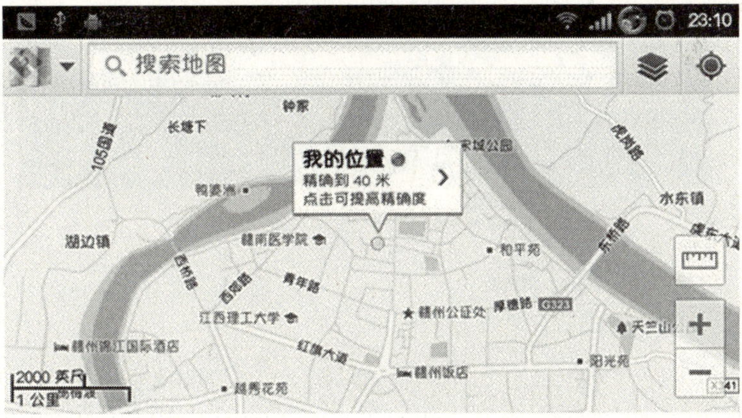

谷歌地图定位功能，室内截图GPS精度较低

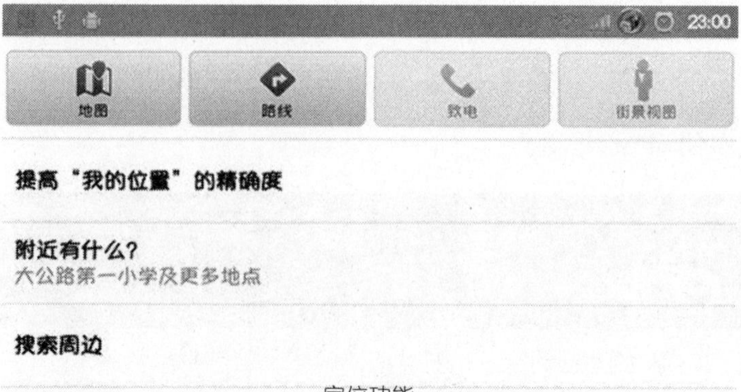

定位功能

使用者周边酒店信息

提供了相关酒店的电话，可以咨询房间数量、价格等情况

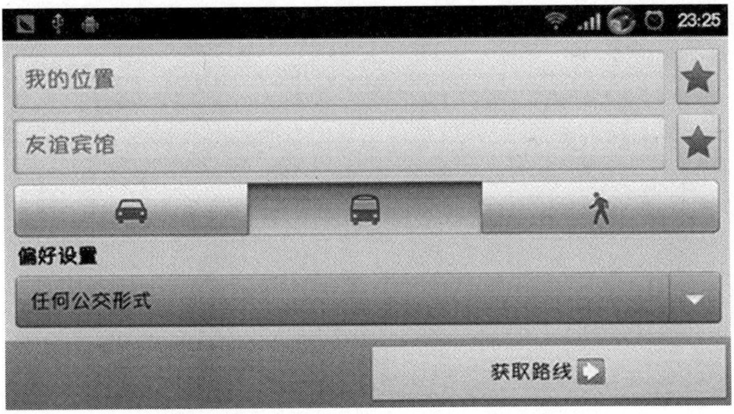

提供了三种到达方式：驾车、公交、步行

索周边酒店。

从以上步骤可以看出，借助安装了GIS系统的智能手机，地球上的大部分陌生城市对你来说将不再“陌生”，你可以轻松地获取各种日常服务。

谷歌地图还提供了一个有趣而实用的功能“纵横”，该应用有两个重要功能。

1.在地图上查找对你授权的朋友所在的位置（位置精度由朋友授权决定）。

2.记录用户历史地理信息。

使用者还可以查阅所在地地形分布和卫星遥感图，在部分城市还能查看建筑物的3D模型。GIS系统强大的地理信息管理分析能力，足以改变我们的生活方式。

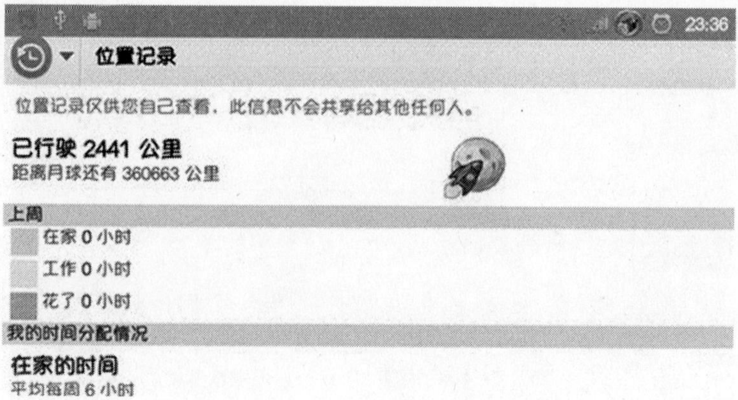

位置记录，可以记录使用者的移动轨迹

计划一次远行，用GIS制定线路，观察用不同的条件如最短路径、最快路径（考虑交通状况）、最省钱路径（不走高速）会制定出怎样不同的路线图。

四、数字地球

阿基米德说：“给我一个支点，我就可以把地球撬动。”只是理论上这么讲，但给你一个智能手机，你能玩转地球，却已经实现了。

数字地球是一个以地球坐标为依据的、具有多分辨率的海量数据和多维显示的地球虚拟系统。

数字地球堪称“对地球的三维多分辨率表示”，它能够放入大量的地理数据。

数字地球是关于整个地球的全方位的GIS与虚拟现实技术、网络技术相结合的产物。

如果概括地讲GPS用来定位、RS用来“拍照”、GIS用来分析预测，那么数字地球就是借助互联网和虚拟现实技术让地理信息以“数字地球仪”的形式呈现和管理，如Google earth及其手机版。

Google地球可让你在地球上任意遨游，无论是外太空星系，还是大洋峡谷，只要您感兴趣，就可以查看卫星图像、地图、地形和3D建筑，你还可以保存游览过的地点并与他人分享。

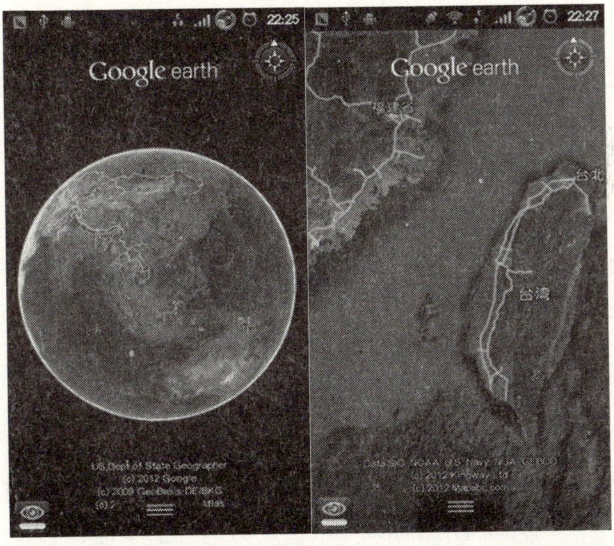

谷歌地球手机版，你能真正体会到玩转地球的感觉

用地理

数字地球可服务于城市规划、市政管理、城市环境、城市通讯与交通、公安消防、保险与银行、旅游与娱乐，以及城市的可持续发展和提高市民的生活质量等。

五、掌上天文馆

小风铃探究

地球很精彩，但人类从开始思考那天起就对无限的星空充满了探究的渴望，这甚至可以说是人类智慧的起源。

另外，你想知道自己的星座在天空中的位置吗？

谷歌星空是Google推出的一款星空观测应用软件，它如同一个微型的天文望远镜，带你仰望星空，探寻宇宙的神秘之处。

谷歌星空可查看各种天体，包括星体、星座、星系、行星和月球，允许用户自由设定显示哪些天体。

谷歌星空完全依赖手机内建的全球卫星定位系统（GPS）及加速器，精确地利用你的所在位置，包括你所面对的方向、手机倾向何方等等，可向你显示你当前所在位置的星空图，而且星空图会跟着你的方向移动。

手机水平向下，可以看到“天底”，就是你的脚底下的星空，手机水平向上时，会看到你头上的天空，即，“天顶”。同理，手机竖着指向北方时就可以看到北方，还可以选择右下角的“手动模式”，直接使用手动触控也可以。该软件可以帮助使用者对“天球”、“星座”等有一个直观的认知，也可丰富课外知识。

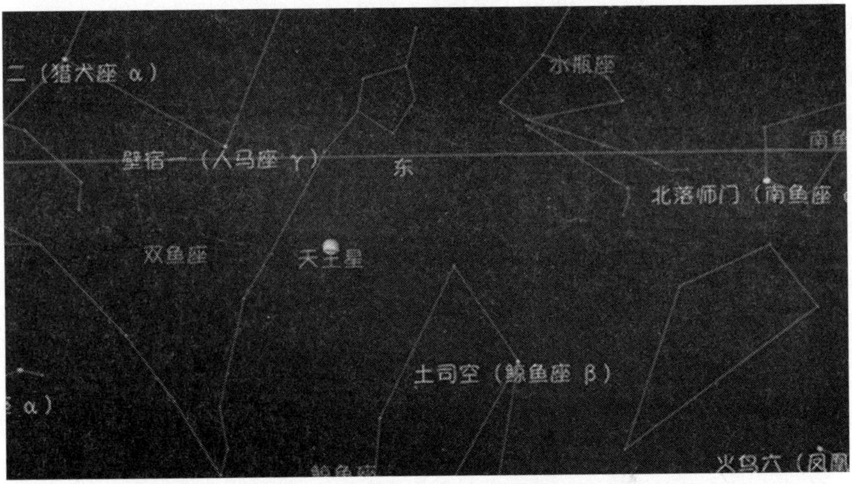

图中黄色直线是地平线，观测者可以看到地平面之上的星星

走走想想看看

在城市几乎看不到星光，找一个机会去农村观察星星，分析在不同时间和地方看到的星星的位置是否一致。

地理百科

智能手机上的传感器妙用

智能手机往往集成了磁场、光线、方向、温度、重力、振动、距离等传感器，通过安装“智能手机工具箱”软件，可以让手机成为一个强大的地理信息收集器。

声音测量仪：可使用手机麦克风来测量噪声分贝，三条红线表示最大、平均和最小值。用如“安静的办公室、安静的街道”描述50dB的噪音。

振动测量仪：可使用手机传感器来测量手机振动或地震，所测得的数值为修正的麦加利地震强度（MMI），与里氏震级相似，但没有单位。用如“微弱，几乎没有人能在室内感觉到的振动”来描述II级振动。你可以在公交车上测量振动并对照震级描述，借机体会地震来临时的情景。

指南针与金属探测器：借助指南针和金属探测器，帮助学生确定方位甚至发现矿产资源。

第三章　我要做“驴友”

智慧导航

人在途中，

心随景动，

从起点，到尽头，

也许快乐，或有时孤独，

如果心在远方，只需勇敢前行，梦想自会引路，

有多远，走多远，把足迹连成生命线。

宾仔学地理

中午放学，宾仔看到桌子上有好多旅行社的线路宣传页，每年这个时候，老爸单位都会组织旅游，经常捎上宾仔。但在宾仔看来，旅游是件苦差事，天没亮就被拉起来赶车，而且动不动就坐一整天的车，吃的就更糟糕了。

当老爸问宾仔今年想去哪条线时，宾仔告诉他老爸“哪也不去，跟团太累”。老爸当时就笑了“你不想跟团，那咱们家做‘驴友’，自己出去玩。但有个条件，你照着人家旅行社的宣传单，做份行程计划来。”

对于大部分初中生而言，安排一次家庭自助旅行似乎是件不可思议的事情，但我们已经进入了信息社会，而且还有地理知识可以帮忙。

一、去哪玩

世界很大，世界很美，世界更是很神秘，你也许哪里都想去，但只有一个你，你只能在争奇斗艳的景点中寻找最适合你的那个。

美丽的马尔代夫

旅游是一种空间活动，需要丰富的旅游知识，同时旅游又是一种个人行为，在外出旅游前首先要确定旅游目的地，并安排好旅行中的食、宿、行、游、购、娱六个方面。

作为旅行计划的制订者，为确定旅行的目的地，需要回答三个问题：

第一，想出去干嘛？即旅游动机是什么？

第二，旅游资金预算多少和时间安排多久？

第三，个人身体素质如何？

旅游动机

出去旅游的动机非常丰富和复杂，当然也可以很简单，可能只是为了消遣娱乐、追新求奇，甚至只是离开自己待腻的地方到别人待腻的地方去走走看看。旅游的动机可以归纳为：

商务会议

温泉疗养

观光

宗教活动：藏传佛教徒去圣地朝拜

科学考察

探　险

为什么首先要探讨旅游的动机？因为只有明确了动机，才能选择对应类型的旅游目的地。

资金预算与时间安排

首先，资金预算取决于经济收入及愿意为旅游支付的旅游费用。经济条件的差异在很大程度上影响旅游目的地的选择以及旅游时间的长短和旅游过程中消费水平的高低。因此在制定旅游计划前，先对此次旅游的总开支有一个预算非常必要。

是否能够出门旅游还依赖于人们闲暇时间的多少。一般而言，闲暇时间越多，出游时间也就可以越长，能出游的距离也就越远。

资金预算是旅行计划制定的重要前提

旅行者身体素质

旅行经常要车马劳顿，长途奔波，甚至还要跋山涉水，目的地可能是沙漠戈壁、雪域高原、深山老林、汪洋大海，这些对于个人身体素质是很大的挑战，因此在制定旅游计划时，必须充分考虑旅行者的身体素质，保障生命安全。

理清楚了以上三个问题，就能够选择旅游目的地的类型、距离、自然环境特征及游玩时间。

走走想想看看

什么因素会阻止你现在背起背包出去旅游？

制定老年人的出行计划要充分考虑其身体状况

二、玩什么

小风铃探究

几乎每个景点介绍都会大力吹捧自己景点多么有特色，多么值得来一趟，他们怎么说其实并不重要，重要的是自己想玩什么。

大千世界，五彩缤纷，外面的世界很精彩，所以人们总有冲动走出自己的小天地，去外面瞅瞅看看。我国国土广袤，山川锦绣，历史悠久，民族众多，在漫长的历史和辽阔的国土上，形成了无比丰厚的旅游资源。

我们之所以愿意去某地旅游，是因为那里的环境对我们具有吸引力。这种吸引力可能是自然因素、文化因素、社会因素或其他任何因素，也可能是上述多种因素兼而有之。

智慧卡片

旅游资源

自然界和人类社会中，凡能对旅游者产生吸引力，可以为旅游业开发利用，并产生经济效益、社会效益和环境效益的各种事物和因素，都可以视为旅游资源。

旅游资源类型

明确旅资源的类型，有助于制定旅游线路时合理地搭配旅游资源，让旅途更加丰富多彩，旅游资源分类可以分为自然旅游资源和人文旅游资源。

自然旅游资源，又称自然景观，主要由地貌、水文、气候、生物等自然要素组成。自然界中的山光水色、流泉飞瀑、风云变化、珍禽异兽等，构成了多姿多彩的自然旅游资源，对于探险、猎奇、游乐、疗养等性质的旅游具有重要意义。

常见的自然旅游资源

生物景观：大熊猫

水域景观：四川九寨沟

地文景观：飞来石

天象与气候景观：海市蜃楼

人文旅游资源，又称人文景观，具有历史文化价值，也可以是当代人建造的具有旅游价值的各种设施，如香港的迪斯尼乐园。人文旅游资源更多地表现在教育性（知识的、文化的）旅游方面的意义。

常见的人文旅游资源

一些著名的旅游胜地，是自然旅游资源与人文旅游资源巧妙结合的典型，既有迷人的自然景观，又是文物古迹荟萃的地方，如杭州西湖。

智慧卡片

“西湖十景”的变迁

西湖上的十处特色风景，最常见的说法是苏堤春晓、曲苑风荷、平湖秋月、断桥残雪、柳浪闻莺、花港观鱼、雷峰夕照、双峰插云、南屏晚钟、三潭印月。

遗址遗迹：圆明园遗址

文化习俗：傣族泼水节

旅游商品：景德镇瓷器

建筑与设施：都江堰

西湖十景形成于南宋时期，在南宋之后，又分别有元代钱塘十景，清代西湖十八景，清乾隆杭州二十四景，1985新西湖十景，2007第九届中国杭州西湖博览会西湖十景。

收集旅游资源信息

我们可以从多种渠道，如互联网、新闻媒介、旅行社、导游手册、亲朋好友、有经验的旅游者等，收集有关旅游地的信息。

随着信息时代的到来，互联网是我们获取信息的最快捷、最有效的途径，以下就以获取四川九寨沟有关信息为例。

你可能从各种渠道，获知有九寨沟这个景点，但真要去的话一定想知道九寨沟有什么特色决定“值不值得去”，同时还得判断“去不去得了”，借助互联网可以解决以上两个问题。

在网络搜索引擎百度中直接输入“九寨沟”三个字，可得到非常丰富的信息。面对这么多的信息可能会让你眼花缭乱，不知所从，这就更需明确自己需要什么信息，这些信息包括旅游资源的特色、旅游资源的时空可达性、旅游服务设施和条件，以及大致的旅

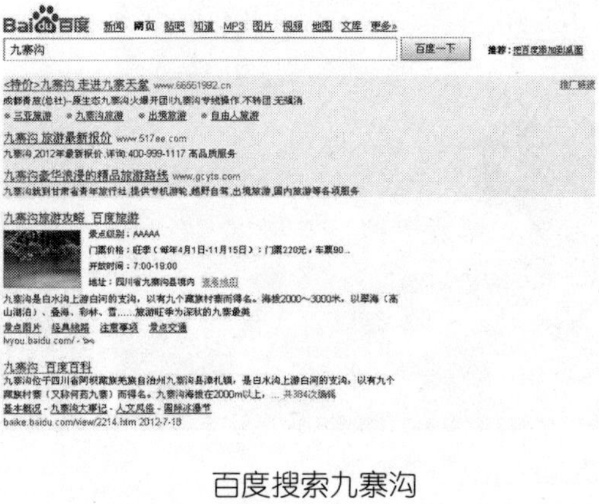

百度搜索九寨沟

行费用等。

为了解九寨特色，可以登录九寨官方网站、百度百科、互动百科、维基百科，如果想要更直观的认识景区特色，可以直接通过图片搜索引擎或一些著名的摄影论坛观察相关图片。

九寨沟旅游风景区官方网站

通过这些直观精美的图片及丰富的文字材料介绍，可以发现九寨沟最吸引人的地方是水景极美。有了这些基本认识，你就可以判断九寨沟是否值得去。

接着摸摸自己的钱包，看看自己的日程表，再查下交通费用与时间，住宿、饮食价格，你就可以判断能不能去九寨沟旅游。

用地理

旅游目的地选择的基本倾向

名气大：名气越大的景区，旅游资源的品质，配套的设施都较好。

差异大：与自己居住地人文、自然景观差异越大，越吸引人。

时间比最小：将路上花费时间除以在目的地旅游时间。

百度搜索九寨沟图片

蜂鸟摄影论坛

三、怎么玩

在明确了旅游地后，将各种主客观信息汇集起来后，便可设计旅游活动。旅游活动的设计可以分为两个部分：线路设计；安排旅途中的“吃、住、行、游、购、娱”。

线路设计

有利于发挥各旅游景点功能：一条线路上的若干旅游点有不同的功能，而每个点的旅游功能又有不同的最佳发挥时间。如登山攀岩类参与性的活动，由于运动量大，游人自身产热耗能多，最好安排在上午进行。因为经过一夜的休息，人们上午的体力较好，另外上午比较凉爽。而天然水域浴场之类的景点，做线路设计时就应当尽量将旅游的时间安排在下午。

上午登山体力更充沛，更凉爽

下午气温更适宜游泳

有利于节省时间，避免走回头路：在游览过程中应当使

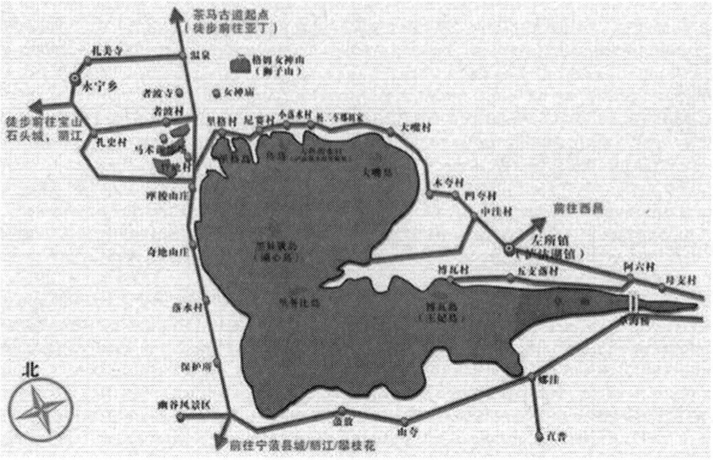

泸沽湖旅游线路

所有的景点串联成环行线路，还有利于节省旅途时间。

有利于旅游购物活动的实现：购买特产作为纪念品与家人朋友分享，是旅行中的一个有意义的环节。

动静适当交错：旅游过程要注意节奏适宜，有紧有松。游览的节奏太松，游人觉得时间没有充分利用而不满意；节

适当安排购物时间

奏太紧，则不仅游览效果不佳，且容易出现各种事故。在线路设计中，需要有意安排一点缓冲的游览过程。

吃、住、行、游、购、娱

吃：一部《舌尖上的中国》道尽中国的美食生态，到一个地方不尝尝当地的美食绝对是一个遗憾，另外只有吃得好，才能游得好。

旅行路线制定后，就可以确定沿途吃饭的城镇，如我们收集旅游景点资料一样，去收集当地的美食资料，锁定一些必吃美食后，再去挑店。这个过程最好能咨询些当地人，可以是亲朋好友，也可以是的士司机，热心网友。最后借助导航仪或地图，找到你想去的店。

《丽江印象》实景演出

天门山索道

智慧卡片

中国八大菜系

我国的菜系，是指在一定区域内，由于气候、地理、历史、物产及饮食风俗的不同，经过漫长历史演变而形成的一整套自成体系的烹饪技艺和风味，并被全国各地所承认的地方菜肴。

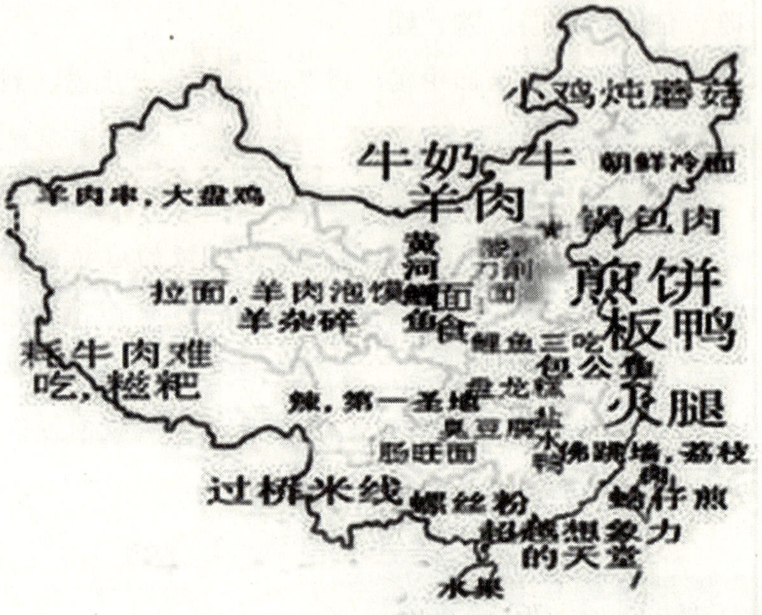

“吃货”眼中的中国

鲁、川、苏、粤四大菜系形成历史较早，后来，浙、闽、湘、徽等地方菜也逐渐出名，于是形成了我国的“八大菜系”。

享受美食的过程中，需要注意以下几点：

1.不要太多地改变自己饮食习惯，注意荤素搭配、多食水果。

2.各地名吃一定要品，但量不可太大，注意消化能力。

3.各地都有风味小吃、特产瓜果，大家吃时勿忘考虑服不服水土问题。

住：住宿是旅途中比较大的一项开支，所以根据自己的预算选择酒店，酒店位置应该尽量靠近想去的地方或者交通比较便利的区域，酒店条件干净、舒适即可。

作为“驴友”需要自己订酒店，在这方面可以借助专业的旅游网站如“去哪儿网”、“携程网”、“淘宝网”等。

“驴友”可以选入住时间段、价格、所处片区、品牌，另外可以利用电子地图看具体位置，同时通过查阅住户的评论，知道酒店的居住环境服务态度如何。旅途住宿注意事项：

1.只有睡眠充足，才能确保第二天旅游时精力充沛。

2.如果因换环境不能入睡，睡前洗个热水澡会有助睡眠。

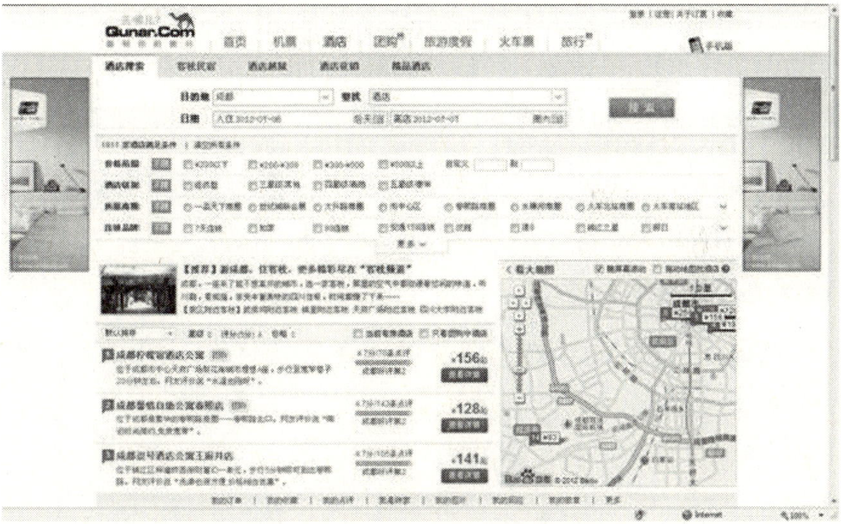

“去哪儿”网酒店搜索页面

3.床具要干净，内裤要穿好，防止得传染病。

行：如今机票和火车票都可以通过网络预定购买，这为广大“驴友”出行提供了极大的便利。网上购票，一定要

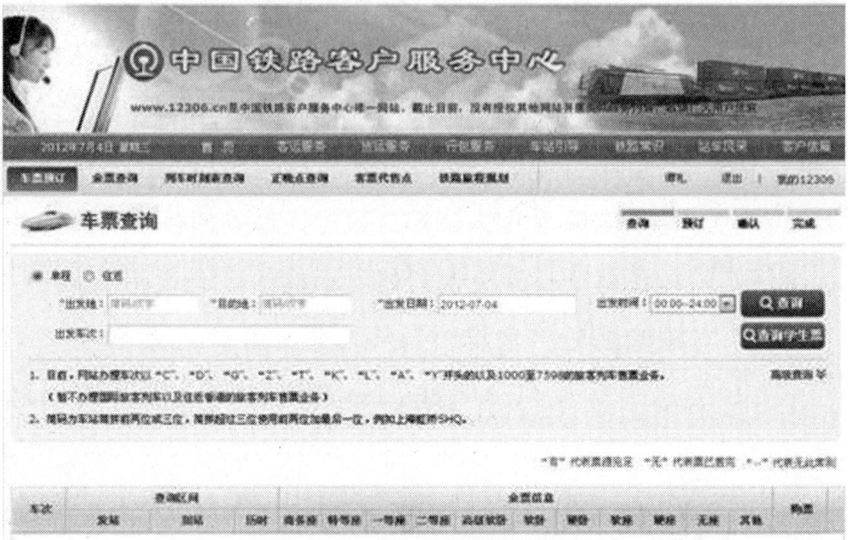

目前唯一的火车票购票网站12306.cn

通过手机导航软件在陌生城市制定公交路线

到正规网站购买，谨防上当。如购买火车票，铁道部官方售票渠道仅限12306.cn和电话95105105。

得益于火车票及机票全国联网购票，这为转乘提供了便利，使得线路选择更加灵活多样。

景点间的汽车运输可以选择班车、公交车、出租车，出门前上网搜索或借助导航仪即可。

“携程网”购买机票网页

出行建议：

1.先买好返程票。

2.乘交通工具注意安全。

3.所到处宜购买一份当地地图，以防迷路。

游：游是核心，游的质量决定了整个行程的质量。一句“好美”，虽真情而发，却显得有些单薄，所以我们要知道景点什么地方美，还要知道怎样欣赏美。

形象美：景观的总体形态和空间形式的美，是旅游景观最显著的特征。

色彩美：景观中的色彩美食及其丰富且富于变化的。颜色不同的岩石、土壤、水体、植物等共同组成自然景观的色彩图案。

青城天下幽

动态美：动与静是相对而言的，静中有动，动中有静。山为水动，水回山转。

朦胧美：烟、雨、云、雾，以及晨曦、暮霭，都使景观显出朦胧美。

许多景观在不同的观赏位置，由于距离、角度、仰角的变化造成了透视关系、纵深层次、视野范围的差别，所产生的美感也不同。

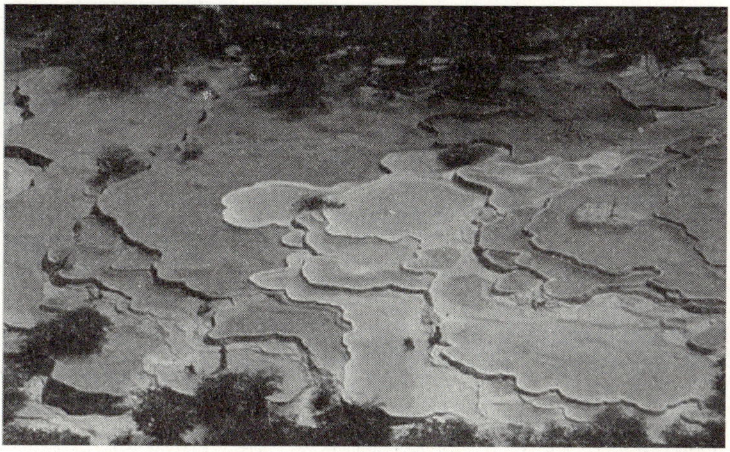

黄龙五彩池

距离：观赏景观时，选择适当的距离很重要，距离不当，往往观赏不到美。“不识庐山真面目，只缘身在此山

九寨沟珍珠滩瀑布

中。”峰峦之雄伟俊秀，惟远观可得。

角度：“横看成岭侧成峰，远近高低各不同”。观赏角

两图同为江苏泰州兴化垛田，右图视角较左图高，也更有形态美

度的不同，产生的审美效果也不同。

时机：许多自然景观随时间、天气、季节的变化而展现出不同的自然美。如泰山的日出日落、钱塘江的大潮、青

张家界美景

海湖的鸟岛等，时机选择不当，会影响审美效果，甚至看不到审美对象。

黄山雾海

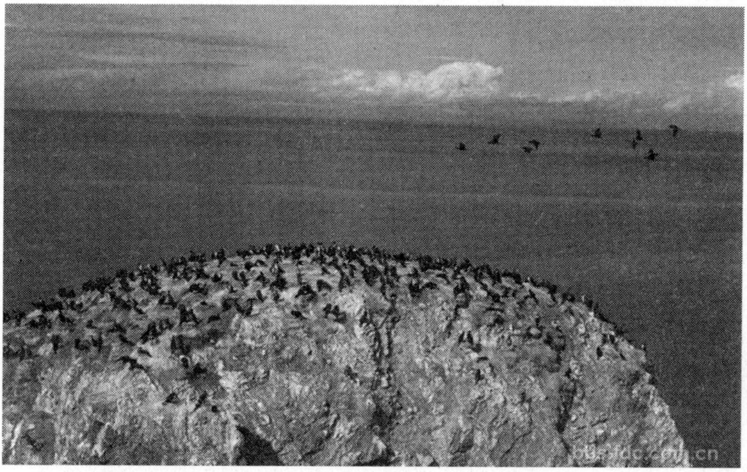

青海湖鸟岛，每年5月份候鸟到此产卵，6月份开始飞走，5月份是观鸟的最佳季节。

游玩途中提示温馨提示：

1.去游览景点之前，找些有关介绍读一读，把读书和游览结合起来，会提高旅游档次。

2.因旅游交通费是主要开支，为此，最好能将目的地附近的景点顺带一游。

3.不要只游览，也顺便考察一下当地和自己行业有关的状况，则可能受到启发，使旅游具有更大意义。

购：异地他乡购些物品也是乐趣之一，但应注意：

1.只购当地独有的。

2.购当地非常便宜的，可以节省旅游费用的开支。

3.千万别购太重的物品，防止行李超重。

娱：娱乐乃人之常情，但注意：

1.不要入迷，适可而止。

2.玩一些当地喜闻乐见的项目，自己又没玩过的。

3.注意安全，保存体力，切勿到不适当的场所。

最后请爱护景区生态环境，和卫生环境，一个合格的现代旅游者不仅要尽量减少对旅游环境的负面影响，还应当积极参与旅游区的建设和保护，做一个生态旅游者。

用地理

为家人制定一个旅行计划，旅行线路设计要合理，行程安排要科学，景区观赏要注意天时、地利、人和。

地理百科

中国历史上最著名的“驴友”——徐霞客

徐霞客（1587年1月5日—1641年3月8日），名弘祖，字振之，号霞客，汉族，明南直隶江阴（今江苏江阴市）人。伟大的地理学家、旅行家和探险家。

他二十二岁离家，直到五十六岁逝世，绝大部分时间都是在旅行考察中度过的。

徐霞客在完全没有政府资助的情况下，先后游历了江苏、安徽、浙江、山东、河北、河南、山西、陕西、福建、江西、湖北、湖南、广东、广西、贵州、云南等十六个省。东到浙江的普陀山，西到云南的腾冲，南到广西南宁一带，北至河北蓟县的盘山，足迹遍及大半个中国。

徐霞客在跋涉一天之后，无论多么疲劳，无论在什么地方住宿，他都坚持把自己考察的收获记录下来。他写下的游记有二百四十多万字，可惜大多失散了。留下来的经过后人整理成书，就是著名的《徐霞客游记》。这部书四十多万字，是把科学和文学融合在一起的一大“奇书”。

第四章　野外生存攻略

智慧导航

现代文明包裹的我们，
早已忘记祖先们留下的原始生存技能。
这既是人类的进步，
也有些许遗憾。
这一章我们将重拾那些深埋在基因里的记忆，
再现野外生存攻略。

宾仔学地理

老爸这些天一直在网上捣鼓什么，而且还神秘兮兮的，不准宾仔看。宾仔从不怀疑他的天才老爸能带来惊喜，果然，几天后他们家就收到一个大包裹。撕开层层包装袋，他看到了一个巨大的“袋子”和很多小棍子，说明书上写着几个字“简易帐篷安装说明”。

“儿子，改天咱们去露营！”老爸边看说明，边兴奋地对旁边的宾仔嚷着。“老爸好棒！”宾仔高兴得都跳起来了。

简易帐篷

父子俩很快就把帐篷支起来了，美美地躺

了进去。

“老爸，我们去露营要带什么哦？如果外面下雨了怎么办？”

“这个？我不清楚诶！”老爸尴尬地摇摇头。

智慧卡片

野外生存

指人在人为因素或自然因素造成的特殊环境中（非生活环境下），食宿和安全得不到正常保证，自己为了维持生命的自救之道。

野外生存是项专业性很强、风险较大的户外活动，青少年如没有进行专业的学习训练和专人带领，切不可莽撞从事。

本章的编写目的，仅在于一种知识储备和风险防范。

一、准备

小风铃探究

作为现代人，如果不借助工具则无法在野外生存，但我们又不可能把“家”都带到野外去。那么探险家们鼓鼓的背包中，到底装着什么呢？

探险家的背包

老祖先说得好“凡事预则立，不预则废”。做任何事情，事先谋虑准备就会成功，否则就要失败，在行动前一份科学合理的计划必不可少。计划中要明确活动的目的、需准备携带的装备和食物、行进路线、每日宿营地、日程和活动安排、饮食来源、可能遇险的情况及预防措施、团队人员名单及分工、可能遇到的意外及应对预案。

行进路线

选择行进路线通常在地图上进行，路线一般由野外生存的目的和生存地特征决定。如果没有特殊目的，选择时要力求短捷、通畅、起伏小、方位物多、比较安全的路线。方位物要求突出、明显、不易变化，行进时用粉笔做记号。通常情况下，行进路线还应标绘每日的宿营地点、水源、开展活动的地点、险要地段、危险地域等，以便于安全顺利地进行野外活动。

日程安排

在野外生存中，一定不要高估自己的体力，应坚持晚起床、早扎营、缓慢行的原则，日程安排尽量放宽松些。

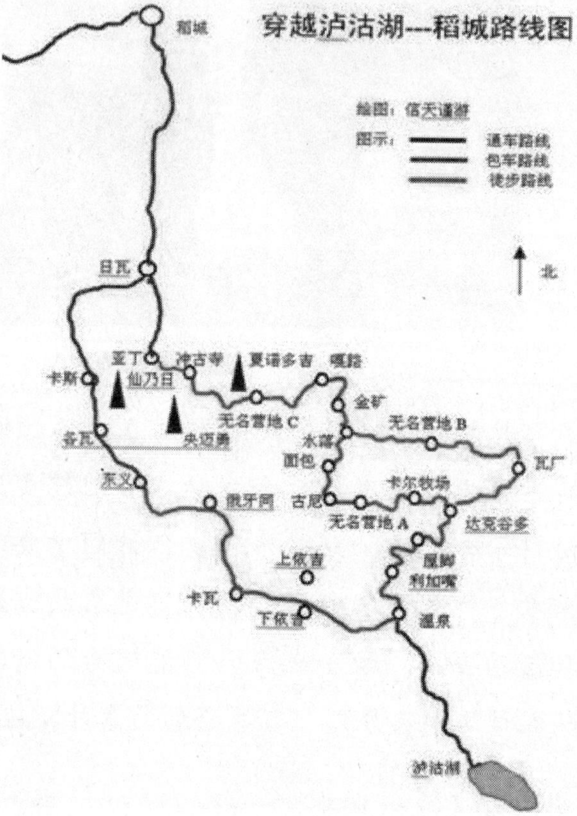

“驴友”制定的路线图

出行准备

帐篷：选择结构稳定、重量轻、抗风、防雨性能较强的双层帐篷为佳。

睡袋、防潮垫：羽绒或鹅绒睡袋轻便，保暖效果好，但前提是必须保持干燥，环境条件比较潮湿时，人造真空棉睡袋可能是更好的选择。

背包、背包防水罩：背包负重的秘密在于它将大部分重量分担在臀部上，背包构架应符合自己的身体结构，并有结实而舒适的腰带。

生火用具：防风打火机、防水火柴、蜡烛、放大镜、打火石、小煤油瓶。

野炊用具：水壶、多功能野炊锅、锋利的多功能多锋折叠刀、餐具。

水、食品：盐、干肉类、糖果、脂类、榨菜、汤料、压缩饼干。

帐篷种类繁多，用途不一，购买前要多查资料

衣物、绑腿：应以宽松、舒适、耐磨、随意为基本原则。外套应该防风，织物尽可能严密以阻止雪片粘在上面凝结，要有足够的透气性以便允许水汽散发——不需要防水材料，裤子的耐磨程度也很重要，一般的野外活动，牛仔裤是不错的选择。但要注意不要穿很紧立裆很短的牛仔裤，那会使你行动不便，坐卧也痛苦。

睡袋、防潮垫

其他专用工具和药物，按照目的地特点进行装备。

大容量背包

用地理

出门四件事

1. 征求家人同意。2. 定计划、做预案、看地图。

3. 买保险。4. 与当地政府和林业部门取得联系。

二、确立方向

小风铃探究

找准方向不要迷路是野外生存的基本技能，生活在今天我们已经有很多方法确定方向，确定位置，这些简单的小知识，关键时候能解决大问题。

在浩瀚的大海，在旷远的沙漠，在辽阔的荒原等各种野外环境条件下如何判定方向是非常重要的。了解这些知识无疑会提高野外生存技巧。现介绍几例以供参考。

利用指南针

指南针是用来判别方位的一种简单仪器，又称指北针。指南针的前身是中国古代四大发明之一的司南，主要组成部分是一根装在轴上可以自由转动的磁针。磁针在地磁场作用下能保持在磁子午线的切线方向上。磁针的北极指向地理的北极，利用这一性能可以辨别方向。常用于航海、大地测量、旅行及军事等方面。

智慧卡片

指南针的发明

指南针

中国是世界上公认发明指南针的国家。由于生产劳动，人们接触了磁铁矿，开始了对磁性质的了解。经过多方面的实验和研究，终于发明了实用的指南针。最早的指南针是用天然磁体做成的，这说明中国汉族劳动人民很早就发现了天然磁铁及其吸铁性，最早的指南针称为司南。

利用地图

地图是根据特定的数学法则，将地球上的自然和社会经济现象，通过制图综合，并以符号和注记缩绘在平面上的图像。组成地图的三要素分别是比例尺、符号和方向。

依靠大比例尺地图，可以快捷、准确地判定方向。

1.借助地物

首先在实地找到与地图上相对应的、具有方位意义的明显物体，如山头、独立树、桥梁、道路或道路交叉处、河流或河流汇合处等。然后转动地图，使图上地物与实地相对应的地物位置关系完全一致，此时地面上的方位与图上的方位已完全符合借助地物定向，是野外利用地形图定向的主要方法，只有无明显地物可参照时才需要借助指南针定向。

2.简易指南针

一截铁丝（缝衣针即可）反复同一方向与丝绸摩擦，会产生磁性，悬挂起来可以指示北极，对应地图上的方向标志。

古代在尚无指南针之前，主要靠日月星辰来定向。东晋高僧法显在其《佛国记》中说:“船航于海上，大海弥漫无边，不识东西，惟望日月星宿而进。若阴雨时，为风逐去，亦无准……至天晴已，乃知东西，而复望正而进。”可以说，日月星辰就是天上的指南针，至今仍是人们重要的日常定向依据。

借助地物判断方向

利用太阳

冬季日出位置是东偏南，日落位置是西偏南；夏季日出位置是东偏北，日落位置是西偏北；春分、秋分前后，日出正东，日落正西。只要有太阳，就可以使用手表来辨别方向。按24小时制读出当时的时刻，将小时数除以二，将得到一个小时数。把手表水平放在手上或者地上，让手表的这个时刻对准太阳所在的方位，这时手表表面12点所指的方向是北方，6点所指的方向是南方。立竿见影，在地上垂直树立一根杆子，上午影子指向西北，下午影子指向东北，影子最短时是正中午，这时影子指向正北方。

月亮和星星

1.月亮

夜间还可以用月亮判定方向。月亮的起落是有规律的。月亮升起的时间，每天都比前一天晚48~50分钟。例如，农历十五的18时，月亮从东方升起。到了农历的二十，相距5天，就迟升4小时左右，约于22时于东方天空出现。月亮“圆缺”的月相变化，也是有规律的。农历十五以

借助太阳定位原理图

前，月亮的亮部在右边，十五以后，月亮的亮部在左边。上半个月为“上弦月”，月中称为“圆月”，下半月称为“下弦月”。每个月，月亮都是按上述两个规律升落的。可以概括为“上（上半夜）上（上弦月）西（西边）西（月面朝西），下下东东”。

2.星星

在北半球，北极星是最好的指北针，北极星所在的方向就是正北方向。北斗七星也就是小熊星座，像一个巨大的勺子，在晴朗的夜空是很容易找到的，从勺边的两颗星的延长线方向看去，约间隔其5倍处，有一颗较明亮的星星就是北极星，即正北方。

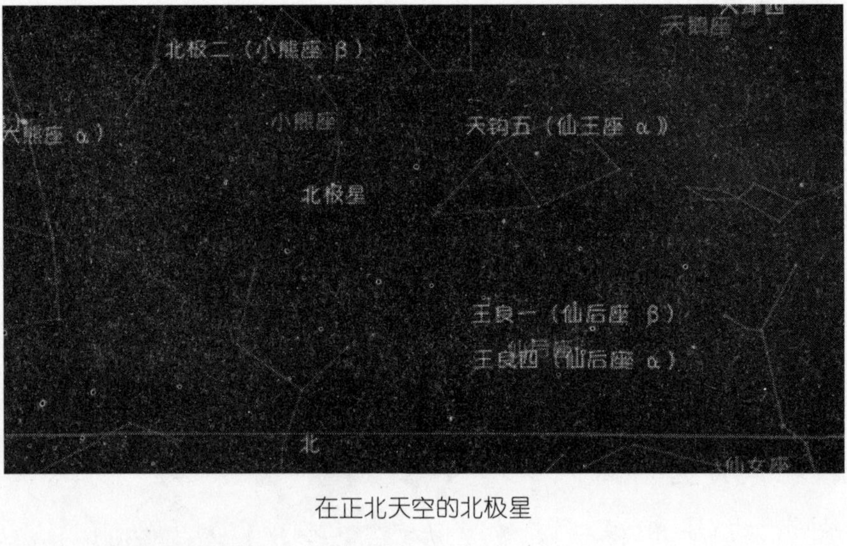

在正北天空的北极星

太阳与时表判定

上午9时(地方时)至下午4时之间按下面这句话去做，就能较快地辨别出概略的方向："时数折半对太阳，'12'指的是北方"。如在上午9时，应以4时30分的位置对向太阳；如在下午2时40分（即14时40分），则应以7时20分的位置对向太阳，此时"12"字的方向即为北方。为提高判定的准确性，可在"时数折半"的位置上竖一细针或草棍，并使其阴影通过表盘中心。

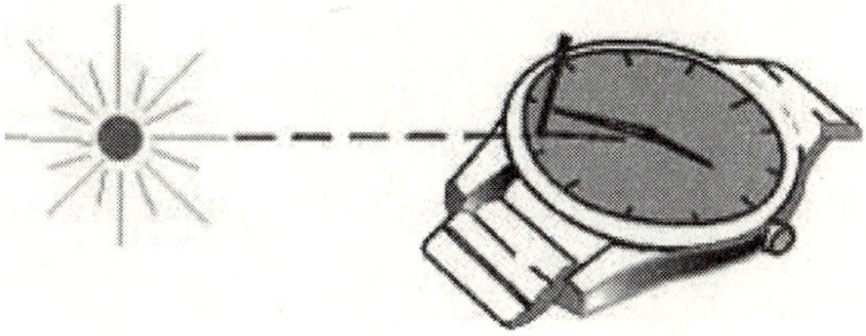

走走想想看看

找一幅地图，用地图去一陌生的地方。

选一种办法，测定当地的北方。

寻找地表水和地下水

地表水比较好找，由于水是往低处流，所以在山谷低地，一般较易找到水源。多注意山脚、山涧、断崖、盆地、谷底等是否有山溪或瀑布的流水声，这样流动的活水是可以直接饮用的。

三、找水

水是生命之源，人体70%左右是由水组成的，俗话说“饥能挡，渴难挨”。所以野外生存水是生死攸关的命脉，也是必须要优先考虑的问题。

瀑布水是活水较安全

水在何处？一般来说自然界的水源有地表水，如江河、湖泊、溪流等；地下水，如井水、泉水等；天上水，如雨水、雪水、露水及溶化的冰块等；生物水，一些植物、动物就含有丰富的水，如野芭蕉、竹子、仙人掌、鱼类等。

就地下水源来说，山脚下、低洼处、雨水集中处往往会有地下水，水库的下游、干涸的并有绿色植物旺盛生长的河床下面、河道的转弯处外侧的最低处等地都有丰富的地下水。

在各个地区，草木的生长分布，鸟兽虫等的出没活动，也常常可以给寻找浅层地下水提供一些线索。

在许多干旱的沙漠、戈壁地区，生长着柽柳、铃铛刺等灌木丛就能告诉我们，这里地表下6到7米深就有地下水；茂盛的芦苇指示地下水位只有1米左右；如果发现喜湿的金戴戴、马兰花等植物，便可知这里下挖50厘米或1米左右就能找到地下水；如见到马兰花、拂子芽等植物群，就可断定那里不太深的地方有淡水。另外，在地下水埋藏浅的地方，泥土潮湿，蚂蚁蜗牛、螃蟹等喜欢在此做窝聚居；冬天，青蛙蛇类动物喜欢在此冬眠；夏天的傍晚，因其潮湿凉爽，蚊虫通常在此成柱状盘旋飞绕。

裸露的湖床上长满了野草

收集雨、露、雪水

雨、露、雪水的收集也是获取水源的简捷方式。通常雨水可以直接饮用，收集起来也很容易，可用容器接，也可用吊起四角的塑料布或帆布进行大量收集。

露水的收集在日夜温差大的地区通常很有效，利用露天放置的金属体就能很方便地凝聚露水，或利

专业露水收集器

用表面光洁的石头(卵石最好)，也可以在地面挖一浅坑，铺上宽大的植物叶子或帆布或塑料布等不渗水的物质，再在上面排一层卵石，露水就会在石头上凝结，然后沿石而下聚集于帆布上。

对于雪来说，首先不要取表面的积雪，二是最好不要直接吃，一定得先把雪化掉，有条件就烧热喝。直接吃雪会使体温降低，而且还会导致肠胃功能紊乱。

利用动植物

有些植物本身的结构就适于贮存水分，像竹类中空的节间或香蕉树叶茎的基部都贮有既卫生又丰富的水。

马兰花和柽柳

山野中还有其他许多植物也可用于解渴，如北方的黑桦、白桦的树汁，山葡萄的嫩条，酸浆子的根茎，南方的野芭蕉、仙人掌、扁担藤等。北方的初春，在桦树杆上钻一个深3到4厘米的小孔，插入一根白桦树皮制作的细管，经过这个小孔流入容器中的汁液每晚可达1到2升。需要注意的是从植物中获取的饮用“水”，最好是即取即饮，否则容易变质。千万不要饮用那些带有乳浊液的藤、灌或乔木的汁液，它们是有毒的。

利用植物的蒸腾作用来提取水分。这种方法非常简单实用，就是将塑料袋套在生长旺盛的树枝端部，袋口朝上扎紧，树叶蒸发出的水分会冷凝在你的袋中，气温较高时，利用这种方法每日可收集水近1000毫升。

动物也能为你找寻水源提供一些有用的指导：草食性的哺乳动物像羚羊、鹿、牦牛等和谷食性的鸟类如雀、鸽类和雉类不会远离水源而生存，骆驼则能把你带到水跟前。大多数昆虫会在距离水源90米的范围内活动。

利用植物蒸腾作用取水

用地理

野外喝水有讲究

在野外喝水还要讲究科学性，应采取“少量多次”的合理饮用方法。不要为一时口渴而狂饮，如果一次喝个够，身体会将吸收后多余的水分排泄掉，这样就会白白浪费很多的水。可以一次只喝一两口，然后含在口中慢慢咽下，这样重复饮水，既可使身体将喝下的水充分吸收，又可解决口舌咽喉的干燥。不要用舌头舔自己嘴唇。在嘴中含小卵石或硬币，可以缓解渴感。

四、住

我们祖先对自己的栖息场所有着很严格的要求，从而诞生了一个行业：“风水先生”。野外宿营地只是短时居住，是不是可以随随便便地选择呢？

露营地的选择可以概括为：安全、方便、舒适、清静。如果选址不科学、不合理会给露营增加许多麻烦，而且还会影响休息及生命财产安全。

近水安营

近水：扎营休息必须选择靠近水源地，如选择靠近溪流、湖潭、河流边，能靠近泉水就更加理想。但也不能将营地扎在河滩上或是溪流边，尤其在雨季及山洪多发区，一旦下暴雨或上游水库放水、山洪暴发等，就有生命危险。

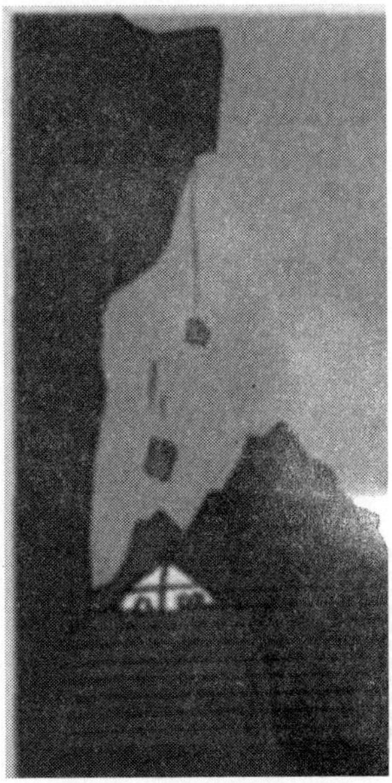
崖底切勿安营

背风：在野外扎营应当考虑背风问题，尤其是在一些山谷、河滩上，应要选择一处背风的地方扎营，帐篷门的朝向不要迎着风向。

远崖：如果想扎营在悬崖下，由于条件的限制不能在崖下凹进去的地方找到合适的位置，就不要将营地扎在悬崖下面，一旦山上刮大风时，甚至是一只老鼠打洞掏出来的碎石都能置人于死地。

背阴：如果是一个需要居住两天以上的营地，在好天气情况下是应该选择一处背阴的地方扎营，如在山的北面（南半球相反），最好是朝照太阳，而不是夕照太阳。这样，如果在白天休息，帐篷里就不会太热太闷。

防雷：在雨季或多雷电区，营地绝不能扎在高地上、高树下或比较孤立的平地上。

建设营地：营地选择好后即要建设营地。尤其是有一定规模的野外露营地，整个营地的建设就尤为重要，分以下一些步骤：

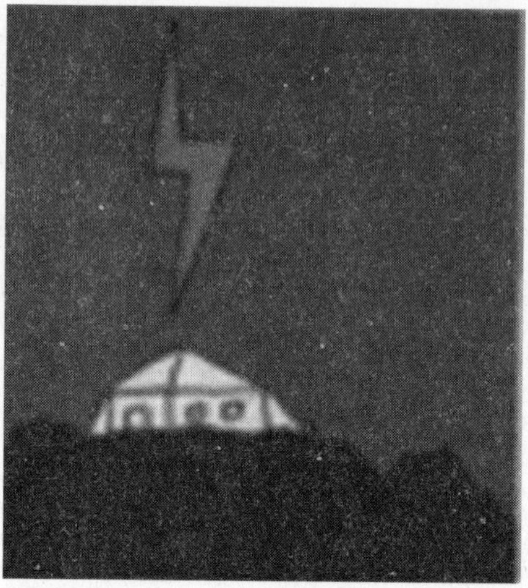
雷电严重威胁生命安全

平整场地：将已经选择好的帐篷区打扫干净，清除石块，矮灌木等各种易刺穿帐篷的任何东西，不平的地方可用土或草等物填平。

场地分区：一个齐备的营地应分帐篷宿营区，用火区，就餐区，娱乐区，用水区（盥洗），卫生区等区域。用火区应在下风处，以防火星烧破帐篷。就餐区应就近用火区，以便烧饭做菜及就餐。活动及其娱乐区应在就餐区的下风处，以防活动的灰尘污染餐具等物。卫生区同样应在活动区的下风处。用水区应在溪流及其河流上分为上下两段，上段为食用饮水区，下段为生活用水区。

建设帐篷露营区：如有数个帐篷组成的帐篷营地区，在布置帐篷时，应注意：帐篷门都向一个方向开、并排布置。帐篷之间应保持一定的间距。

建设用火就餐区：就餐同用火一般在一块儿，烧饭的地方最好是有土坎、石坎的地方，以便挖灶建灶，大家拾来的柴禾应当堆放在区外或上风处。就餐区最好有一块大家围坐的草地。

建设卫生区：卫生区即是解手方便的地方，如果只是住宿一晚，可以不必专门挖建茅坑，可以指定一下男女方便处即可。如果住宿天数在两天以上，即应当挖建，临时厕所应建在树木较密的地方。

露营区分区要合理

走走想想看看

观察一下周边环境，寻找几个可以露营的点。

在旅游、旅行或野外游玩时可能会发生意外，最大的意外莫过于突发性的自然灾害了，常见的自然灾害有：地震、雪崩、山体滑坡、塌方、泥石流、洪水等等。下面讲一下在不幸遭遇这些突发性灾害之后如何应对。

地震

震时是跑还是躲，我国多数专家认为：震时就近躲避，震后迅速撤离到安全地方，是应急避震较好的办法。避震应选择室内结实、能掩护身体的物体下（旁）、易于形成三角空间的地方，开间小、有支撑的地方，室外选择开阔、安全的地方。

身体应采取的姿势：

1.伏而待定，蹲下或坐下，尽量蜷曲身体，降低身体重心。

2.抓住桌腿等牢固的物体。

3.保护头颈、眼睛，掩住口鼻。

4.避开人流，不要乱挤乱拥，不要随便点明火，因为空气中可能有易燃易爆气体。

强震过后如何自救：

1.地震发生后，应积极参与救助工作，可将耳朵靠墙，听听是否有幸存者声音。

2.使伤者先暴露头部，保持呼吸畅通，如有窒息，立即进行人工呼吸。

3.一旦被埋压，要设法避开身体上方不结实的倒塌物，并设法用砖石、木棍等支撑残垣断壁，加固环境。

4.地震是一瞬间发生的，任何人应先保存自己，再展开救助。先救易，后救难；先救近，后救远。

地震断桥遗址

滑坡、泥石流、雪崩

智慧卡片

常见的诱发次生灾害

泥石流：斜坡上或沟谷中松散碎屑物质被暴雨或积雪、冰川消融水所饱和，在重力作用下，沿斜坡或沟谷流动的一种特殊洪流。简单理解：水+石头+泥沙。

滑坡：斜坡的局部稳定性受破坏，在重力作用下，岩体或其他碎屑沿一个或多个破裂滑动面向下做整体滑动的过程与现象。简单理解：就是一大块泥土从坡上滑下来。

雪崩：当山坡积雪内部的内聚力抗拒不了它所受到的重力拉

引时，便向下滑动，引起大量雪体崩塌。简单理解：就是积雪从山上滚下来。

泥石流流动的全过程一般只有几个小时，短的只有几分钟。所以需要快速地选定逃生路线。

甘肃舟曲特大泥石流现场

1.沿山谷徒步时，一旦遭遇大雨，要迅速转移到附近安全的高地，离山谷越远越好，不要在谷底过多停留；

2.注意观察周围环境，特别留意是否听到远处山谷传来打雷般声响，如听到要高度警惕，这很可能是泥石流将至的征兆；

3.发现泥石流后，要马上向与泥石流成垂直方向的两边山坡上面爬，爬得越高越好，跑得越快越好，绝对不能往泥石流的下游走。

遭遇泥石流逃跑路线

当处在滑坡体上时，首先应保持冷静，不能慌乱。要迅速环顾四周，向较安全的地段撤离。一般除高速滑坡外，只要行动迅速，都有可能逃离危险区段。跑离时，向两侧跑为最佳方向。在向下滑动的山坡中，向上或向下跑都是很危险的。当遇到无法跑离的高速滑坡时，更不能慌乱，在一定条件下，如滑坡呈整体滑动时，应在原地不动，或抱住大树等物，不失为一种有效的自救措施。如1983年3月7日发生在甘肃省东乡县的著名的高速黄土滑坡——洒勒山滑坡中的幸存者就是在滑坡发生时，紧抱住滑坡体上的一棵大树而得生。

在所有高大的山岭区域，雪崩是一种严重的灾害。

雪崩发生速度很快，要快速应对

一旦不幸被雪掩埋平躺，冷静下来，让口水流出从而判断上下方，然后奋力向上挖掘——如果你还能动的话。

用爬行姿势在雪崩面的底部活动，丢掉包裹、雪橇、手杖或者其他累赘，覆盖住口、鼻部分以避免把雪吞下。休息时尽可能在身边造一个大的洞穴。在雪凝固前，试着到达表面。扔掉你一直不能放弃的工具箱——它将在你被挖出时妨碍你抽身。节省力气，当听到有人来时大声呼叫。

走走想想看看

收集资料，归纳中国各类自然灾害时空分布规律。

地理百科

世界十大神秘历史遗迹

秘鲁的马丘比丘古城

这座遗址大约建成于公元1450年，并且事实上是印加帝国统治者的一个庇护所。

马丘比丘古城

哥斯达黎加的石球遗址

用于制作这些石球的岩石（一些石球重达16吨，这些人工制品相当令人惊奇）是一种名为花岗闪长岩的火成岩。

石球遗址

埃及的古金字塔和狮身人面像

人们提出无数的理论来试图解释它们的神秘，但是没有理论能够完全解答而且每一个理论都有漏洞。即使是最普通的游客都会因为这个奇迹的宏伟壮丽和它们使用的数学运算而肃然起敬。

古金字塔

墨西哥的奇琴伊察遗址

古老的玛雅文明因为预测了世界末日而闻名于世，而且据他们所说2012年世界末日会到来。奇琴伊察遗

奇琴伊察遗址

址是玛雅人建造的考古学遗址之一。

日本的水下遗址

1995年在日本冲绳县一位游泳者和一位运动潜水员莫名其妙地游到了距离海岸更远的地方，而且发现了水下的遗址。这些遗址似乎有8000年的历史，而且最初许多人都认为这些遗址不过是流水雕刻的地理结构。但是经过水下探索之后，证实它事实上是人造的。最显著的线索是这些台阶成形的方式，而且很显然流水是无法形成台阶的。

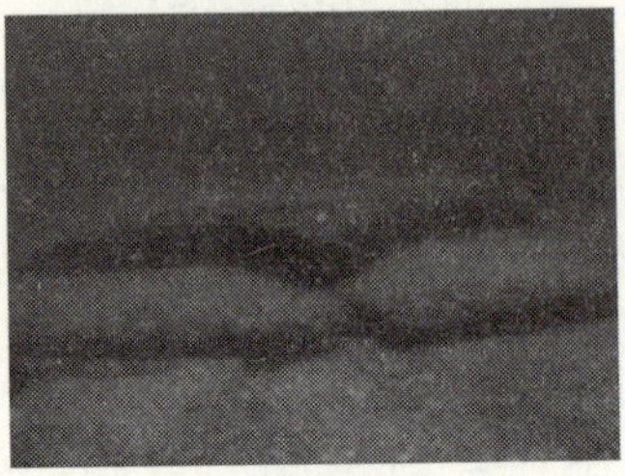

水下遗址

智利的复活节岛

它们制成于公元1250年至1500年间。这些石制雕像中最重的重量大约有86吨。它们数量众多所以数百尊雕像都被移动到了岛周边的石台上。

复活节岛

玻利维亚的蒂亚瓦纳科遗址

它位于玻利维亚而且也因蒂亚瓦纳科文明而闻名。这个地方引起人类好奇的主要原因是由于它接近17000年的历史事实。

蒂亚瓦纳科遗址

秘鲁的纳斯卡线遗址

许多人都听说过秘鲁纳斯卡线，它们是世界上最著名的神秘之地。事

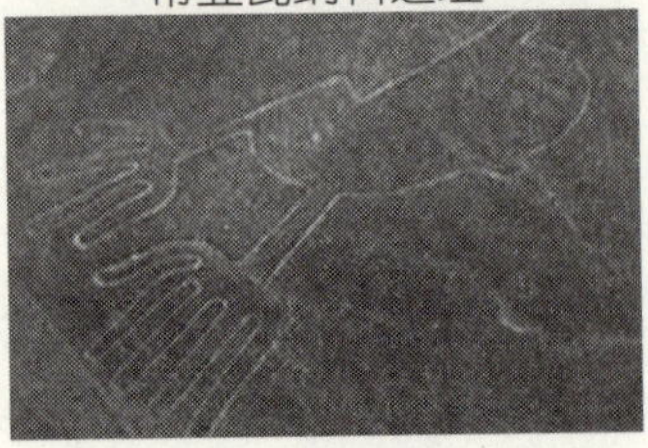

纳斯卡线遗址

实上也有许多人在质疑这样庞大的线是如何刻到了地球的表面的，因为它们肯定不像是普通人类能够完成的事情。

英国的巨石阵

巨石阵

巨石阵位于英格兰的维尔特郡附近。它建成于公元前2500年，这就使它被改造得相当古老而且经历了一次又一次的改造。没人了解它存在的目的，但是它却是一处最著名的史前历史遗迹。

黎巴嫩的巴尔贝克

巴尔贝克神庙

罗马人在公元前16年建造了三座纪念碑似的神庙。这三座神庙拥有三个院子，周围有墙环绕着它们。围墙使用了一些人类曾经精心制作的最庞大的石块建成。最大的石块重量达到了1000吨，并且以孕妇石而闻名。

第五章　我家有块地

智慧导航

我国是13亿多人口的大国。

如果我国的农作物歉收了，

任何国家都没有能力帮助我国解决人民的吃穿问题。农业稳定发展对我国具有十分重要的意义。

宾仔学地理

今天领期末考试的成绩单，宾仔早早就到了学校，几乎是从老师手上抢走了成绩单，然后一路小跑回了家。领了成绩单就意味着宾仔快乐的暑假就要开始了，而他最想做的事就是赶上上午的最后一班班车回乡下的奶奶家。

当看到刚插完秧的稻田，马上要读初三的宾仔开始对那水汪汪的农田有了兴趣。

为什么奶奶家的田要种水稻不种别的？一块地有什么可种？能种什么？该种什么？

这些问题地理都可以给你答案。

一、农作物

古人用“四体不勤，五谷不分”形容脱离农业生产劳动，缺乏生产知识的书呆子，很不幸，今天我们中的不少人基本上符合这个标准。那到底农业都生产点什么呢？

农业中栽培的各种植物统称为农作物，但农业是个内涵很广的概念，简单的农业部门分类包括了农、林、牧、渔、副，即种植业、林业、牧业、渔业和副业，农业对我们的生活和生产有着至关重要的作用。

农作物可以简单地分为粮食作物和经济作物。

粮食作物是指成为人类基本食粮的一类作物。经济作物又称技术作物、工业原料作物，具有某种特定经济用途的作物。

常见的粮食作物

水稻

小麦

大豆（大豆是经济作物）

玉米

青稞

红薯

常见的经济作物

棉花

桑树

油菜

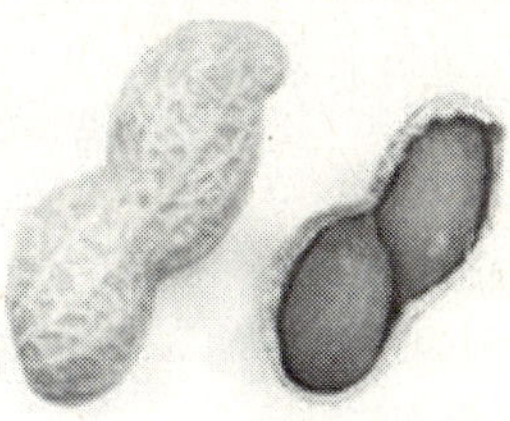

花生

甘蔗

甜菜

茶叶

咖啡

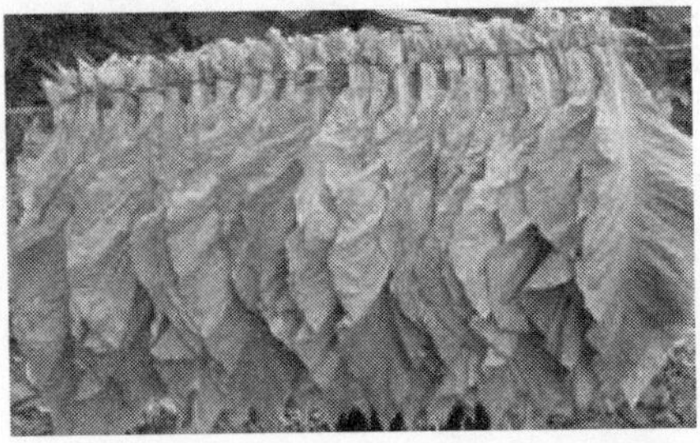

烟叶

灵芝

常见的经济作物

智慧卡片

五谷的演变

“五谷”始终是一个变化中的概念。对于“五谷”，古代有多种不同说法，最主要的有两种：一种指稻、黍、稷、麦、菽；另一种指麻、黍、稷、麦、菽。两者的区别是：前者有稻无麻，后者有麻无稻。古代经济文化中心在黄河流域，稻的主要产地在南方，而北方种稻有限，所以“五谷”中最初无稻。

中国粮食产量的前五名已经变成稻谷、小麦、玉米、大豆和马铃薯。

利用周末和家人来个郊游，去认认田野里的农作物，并区分粮食作物和经济作物。

二、能种什么

南方主要种水稻，北方主要种小麦。同样是一块地，为什么差距就这么大呢？

讲到这我们可以发现一块地可以种植很多种农作物，而一块地能够种植哪一种农作物主要是由大自然中的光照、热量、水资源、土壤和地形决定的。

光照

光照准确地讲应该称为太阳辐射，是太阳发射的电磁辐射。影响日照时数的主要因素有白昼的长短及大气对太阳辐射的削弱能力。植物通过光合作用生长发育，光合作用的能源就是太阳能，太阳辐射对农作物的生长发育起着最直接和最大的影响。

我们常用日照时数来表示光照时间。日照时数是指每天从日出到日落太阳光直接照射到作物(或地面)的时间长

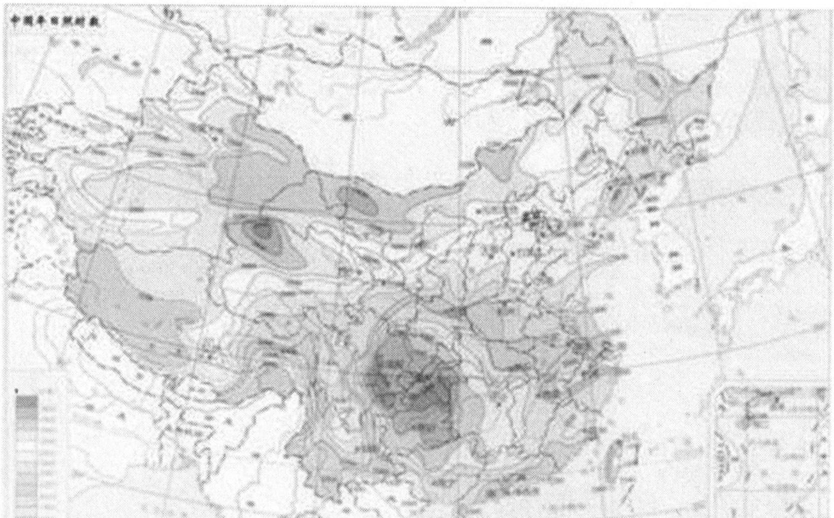

中国年日照时数分布图

短。根据作物对光照长短的反应，可把作物分为以下三种类型：

短日照作物：这类作物只有在日照长度小于某一时数

时才能开花；若大于某一时数，则停止或延迟开花，如水稻、玉米、大豆、高粱、甘蔗、棉花等。

长日照作物：这类作物只有在日照长度大于某一时数时，才能顺利开花；如果昼短夜长，则延迟开花，如小麦、大麦、燕麦、豌豆、油菜，还有甜菜、亚麻、马铃薯、洋葱、菠菜、大蒜等，从早春到夏末之间开花的作物均属此类。

短日照作物在某一时期(光照阶段)，一般要求每天的日照时数小于12～14小时，长日照作物则要求大于12～14小时。

中间型作物：这类作物开花受日照长度的影响不明显，在长日照或短日照条件下，都能正常开花，如黄瓜、番茄、荞麦等均属此类。

智慧卡片

大气削弱作用

太阳辐射通过大气层到达地面的过程中，由于大气对它有一定的吸收、散射和反射作用，使到达地面的总辐射有明显减弱，这种现象称为大气削弱作用。

热量

地表的热量主要来源于光照，农作物的生长有最适温度、最低温度和最高温度。

农作物	最低温度	最适温度	最高温度
水稻	10—12	30—32	36—38
小麦	3—4.5	20—22	30—32
玉米	8—10	30—32	40—44
油菜	4—5	20—25	30—32
棉花	13—14	28	35

在农业生产中，农作物播种期一般不要盲目提前，因为在气温低于农作物生长最低温度时，播种最易引起烂种、烂秧，提前播种反而造成减产（温室栽培的农作物除外）。采用地膜或薄膜覆盖的可适当提前，因为薄膜或地膜覆盖可提高一定的温度。

昼夜温差会影响农作物的产量和品质，农作物白天光合作用与呼吸作用同时进行，夜间只进行呼吸作用。光合作用积累有机物质，呼吸作用消耗有机物质，有机物积累越

大棚可以提前农作物播种期

多，产量就越高，品质也提高；反之，产量则少，品质也低。昼夜温差大的地区温度高，光合作用强，夜间温度低则呼吸作用弱。

昼夜温差大的新疆和高原地区生产的水果蔬菜比平原地区更好吃，个头也大得多。另外，晚稻比早稻产量高，晚稻米质比早稻好的一个重要原因是秋季成熟的晚稻在其成熟期，昼夜温差比夏季成熟的早稻温差大。

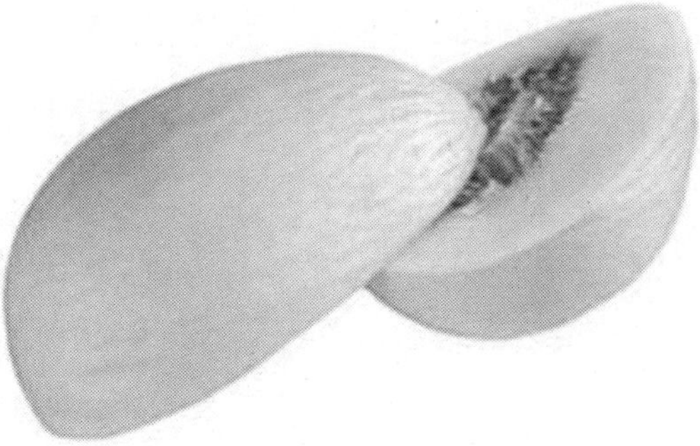

新疆哈密瓜

新疆葡萄

当农作物生长所需的其他因素若得到基本满足，在一定的温度范围内，气温和农作物生长发育速度成正比，即气温越高，农作物生长发育越快。当活动温度累积到一定的总和时，农作物才能开花结果，这一温度总和称为积温。按照积温的多少将我国分成不同的温度带，不同温度带内农作物的熟制不同，主要农作物也不一样。

寒温带：黑龙江省北部、内蒙古东北部。积温<1600℃，一年一熟。早熟的春小麦、大麦、马铃薯等。

中温带：东北和内蒙古大部分、新疆北部。积温1600~3400℃，一年一熟。春小麦、大豆、玉米、谷子、高粱等。

暖温带：黄河中下游大部分地区和新疆南部。积温3400~4500℃，两年三熟或一年两熟。冬小麦复种荞麦等，或冬小麦复种玉米、谷子、甘薯等。

亚热带：秦岭、淮河以南，青藏高原以东。积温4500~8000℃，一年两熟到三熟。稻麦两熟或双季稻，双季稻加冬作油菜或冬小麦。

热带：滇、粤、台的南部和海南省。积温>8000℃，水稻一年三熟。

中国温度带

水资源

生物的生长繁殖离不开水，农作物也不例外。适当的水分利于农作物生长，水过量则容易导致农作物烂根、生病，甚至死亡。不同农作物对水的需求不一样，要根据农作物的不同习性提供适当的水分。

智慧卡片

都江堰水利工程

位于四川成都平原西部都江堰市西侧的岷江上，距成都56公里。建于公元前256年，是战国时期秦国蜀郡太守李冰率众修建的一座大型水利工程，是现存的最古老而且依旧在灌溉田畴、造福人民的伟大水利工程。

都江堰水利工程

干旱与半干旱地区，通常要种植一些抗、耐旱性较强的农作物，如谷子（粟）、糜子（黍）、青稞等禾谷类作物及甘薯、马铃薯等块根、块茎类作物。湿润地区则多种植喜水性的水稻、小麦等作物。半湿润地区则玉米、水稻、小麦、大豆、棉花、油菜等作物都可种植。

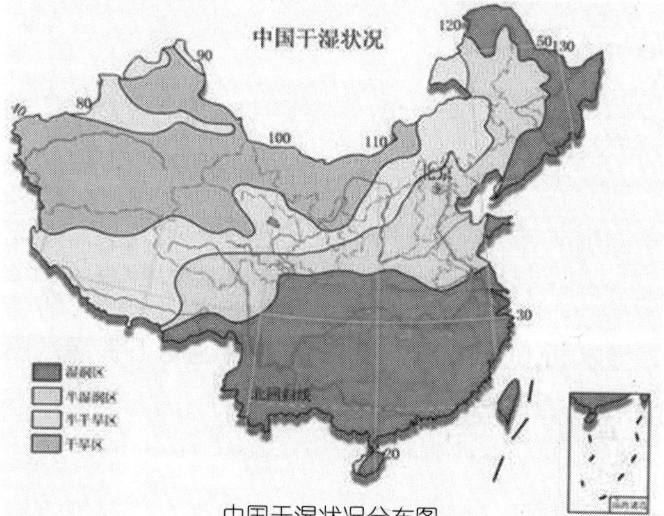

中国干湿状况分布图

土壤

土壤是能产生植物收获的地球陆地表面的疏松层，在植物生活全过程中，土壤供应和协调植物生长所需水、肥、气、热，是植物生长的基础。此外，土壤还对植物的根系有支撑作用，避免植物倒伏。

土壤的酸碱性对农作物也有明显影响：

喜酸植物：杜鹃属、越橘属、茶花属、杉木、松树、橡胶树、帚石兰等；

喜钙植物：紫花苜蓿、草木樨、南天竺、柏属、椴树、榆树等；

喜盐碱植物：柽柳、沙枣、枸杞等。

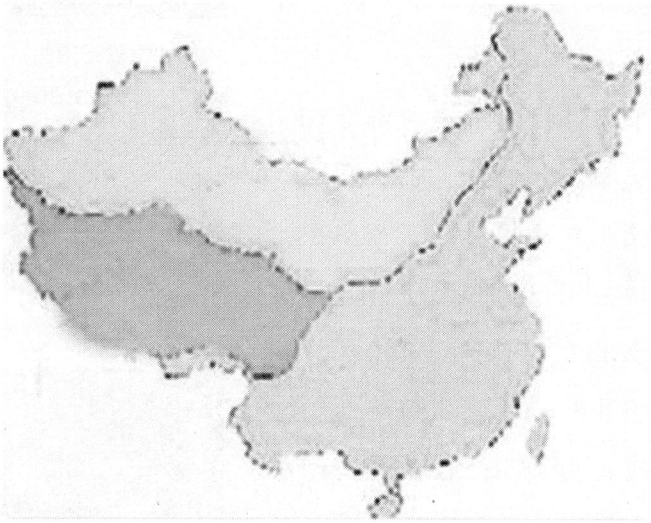

中国土壤分布概图

智慧卡片

土壤污染的后果

引起土壤酸度变化。

导致土壤板结，肥力下降。

有害物质对土壤产生污染。

地形

地形对农业部门分类起着基础作用，不同的地形分布着不同的农业部门。

常见的地形类型：

平原：地貌宽广低平，起伏很小，海拔多在200米以下，适宜发展种植业。

广袤的华北平原

高原：海拔高度一般都在1000米以上，边缘隆起，内部平坦，适宜畜牧业或种植业。

雪域高原——青藏高原

山地：平均海拔在500米以上，地表相对起伏大于200米，坡度较陡的高地，适宜发展林业。

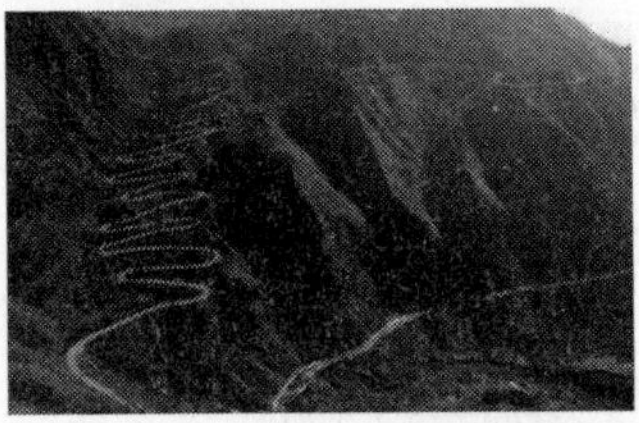

横断山区

丘陵：海拔500米以下，相对高度200米以下，高低起伏，坡度较缓的高地，适宜发展种植业和林业。

丘陵

盆地：四周高、中间低，整个地形像一个大盆。盆地的四周一般有高原或山地围绕，中部是平原或丘陵，适宜发展的农业部门因地而异。

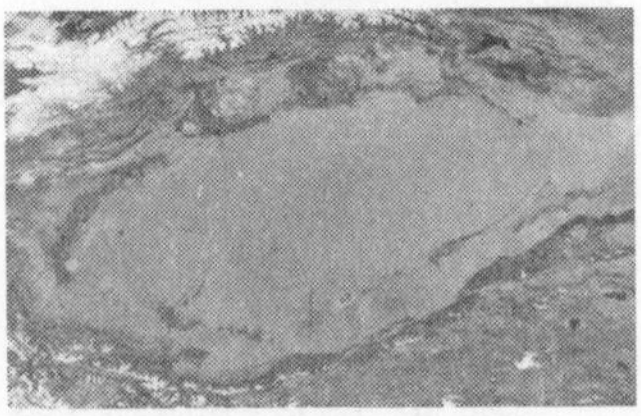

塔里木盆地

到你所居住的地方去逛逛，判断一下地形类型，并观察当地农业的特点。

三、该种什么

同一个村，同一块地，所处环境几乎类似，但种植的农作物可能多种多样。

农作物本身的特点与土地所处自然条件决定土地能种植何种农作物，但在现实生活中，我们可以看到同一块地里会种不同的农作物。如果土地能种植什么主要是由自然条件决定，那么决定土地该种什么就是社会经济条件，这些条件包括市场、交通、科技等。

市场

市场的需求量最终决定农业生产的类型和规模，在任何区域，只要市场需要什么，我们就种植与养殖什么，市场需求量大，则扩大该农产品的生产规模，反之则缩小其规模。

澳大利亚小麦—牧羊业

农场主根据市场预估调整小麦和牧羊业的比重，如小麦需求增大则多种植小麦，反之则多养羊。这样根据市场需求调整类型和规模，可以有效地增强对市场风险的抵抗能力。

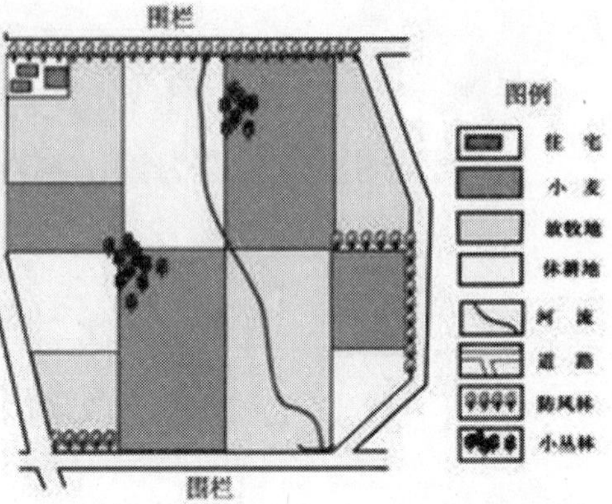

澳大利亚小麦一牧羊业

交通

交通条件的进步与保鲜技术的进步，让农作物的销售距离得到了极大的延伸，推动了现代农业生产向地域化和专业化转化。

甜蜜事业——荷兰的鲜花产业

在荷兰，每天配有冷藏机的集装箱货车会将鲜花运往欧洲各地或运到机场，通过空运将鲜花销往美国及远东各地。这一切都是为了实现一个目标：每天清晨从荷兰出售的鲜花植物，一定要在当天晚上或第二天早上出现在欧美、加拿大以及世界各地的花店里。

农业科技

农业科技可以提供先进的农业技术装备，不断提高劳动生产率，同时提高土地生产率和农产品质量，进而更为合理地

荷兰鲜花种植

利用资源，提高农业经济效益。

美国农民通过机械播种、施肥、收割及高效的田间管理，一个人养活多达170人。

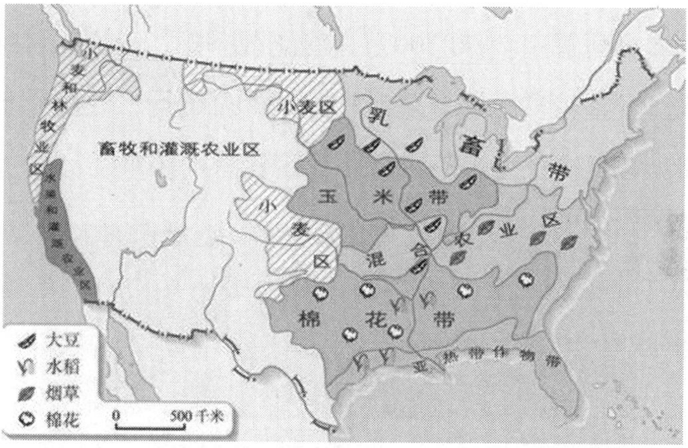

美国农业带分布图

用地理

一块地能种什么，由自然环境决定。

一块地该种什么，由社会经济条件决定，尤其是市场条件。

综合考虑两者，才能既符合自然规律又获取好的经济效益。

智慧卡片

向袁隆平先生致敬

袁隆平先生为世界粮食安全作出了杰出贡献，杂交水稻每年增产的粮食可解决全球3500万人的吃饭问题。从推广种植杂交水稻以来，我国粮食已累计增产稻谷3500亿公斤，袁隆平与他培育的杂交水稻产生了巨大的经济和社会效益。

袁隆平与他培育的杂交水稻

地理百科

农具的演变

耕犁

耕犁由耒耜发展而来。我国很早就发明了耒耜，用耒耜来翻整土地，播种庄稼，进行农业生产。铁犁铧的发明是一个了不起的成就，它标志着人类社会发展的新时期，也标志着人类改造自然的斗争进入一个新的阶段。

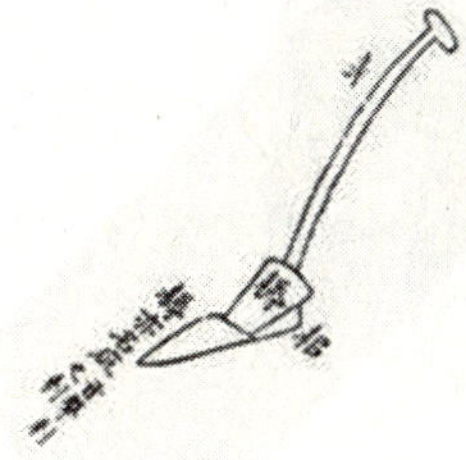

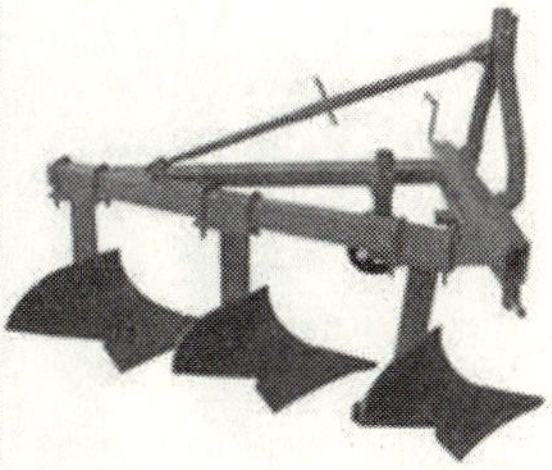

原始的耕犁拖拉机带动的铧犁

播种机

我国在战国时期就有了播种机械。汉武帝的时候，赵过在一脚耧和二脚耧的基础上，创造发明了能同时播种3行的三脚耧。一头牛拉着，一人牵牛，一人扶耧，一天就能播种一顷地，大大提高了播种效率。汉武帝曾经下令在全国范围内推广这种先进的

中国古代播种机 ——三角耧

现代播种机

“播种机”。

现代最新式的播种机的全部功能也不过把开沟、下种、覆盖、压实四道工序接连完成，而我国两千多年前的三脚耧早已把前三道工序连在一起由同一机械来完成。在当时能够创造出这样先进的播种机，确实是一项重大的成就。这是我国古代在农业机械方面的重大发明之一。

取水机

桔槔（jié gāo）俗称“吊杆”，是一种原始的井上汲水工具。它是在一根竖立的架子上加上一根细长的杠杆，当中是支点，末端悬挂一个重物，前段悬挂水桶。一起一落，汲水可以省力。

现代水泵

龙骨水车是我国古代最著名的农业灌溉机械之一。龙骨车，古书上称翻车，据《后汉书》记载，龙骨车是东汉末年发明的。

第六章　我要造汽车

智慧导航

宾仔学地理

从电影院出来，宾仔就一直不做声，难道《变形金刚》不好看？这可让人觉得奇怪了，宾仔可是很喜欢汽车啊！其实宾仔这会儿正在盘算着一件大事，他发现《变形金刚》里面没有一辆车是国产车，这让他这个汽车迷很受伤，他突然有了一个新的理想——造汽车。

显然很多人都有过这样的理想——造汽车、造豪车，但现实中我们却发现世界上能造汽车的国家并不多，能造豪车的就更少了，在我国也不是各省都有汽车厂。

由此我们可以推断，汽车工厂或者说工业的开设即布局有很多限制性因素，只有满足了某些条件才能布局某种工业，进而实现经济效益、社会效益、环境效益的统一。

一、工业成本

我们都知道做买卖要本钱，开个工厂要些什么本钱呢？

工业是指采集原料，并把它们在工厂中生产成产品的工作和过程，按照产品的用途将工业划分为重工业和轻工业。

一家工厂要正常运转，在其生产过程和分配过程中，都要有相应的成本投入。

一般的成本因素包括：

布局场所的土地使用费

机器设备费用

原料和燃料费用

物品运费

资金利息

劳动力成本

固定资产折旧

智慧卡片

工业区位

指工业所在的地区和地理位置。影响工业区位的因素有：原料、能源、市场、劳动力、技术、环境等。

走走想想看看

如果现在让你开设一家汽车厂，你最大的困难将是什么？该如何克服？

二、工业类型

在上述七种成本因素中，固定资产的折旧和资金利息没有明显的地域差异；固定资产费用主要反映在购入价格上，一般也不会有明显的区域差异；有明显地域差异的成本因素主要是原料、燃料费用、劳动力成本、运费、土地价格，这也就使得工业布局出现了明显的地域差异。

工业部门的形成是生产力发展、社会分工和科学技术进步的结果。由于工业生产进一步专业化，使原有工业部门进一步分离，并逐步形成一些新的工业部门，从而使工业部门结构也相应地发生某些新的变化，这些变化的总趋势是工业部门越来越多，分工越来越细，工业部门结构也日趋复杂。如从机械制造业中分离出机床制造业、采矿机械制造业、汽车制造业等部门；由于科学技术的进步，不断出现新技术、新材料、新工艺和新产品，从而形成一些新的工业部门，如合成纤维工业、核工业、航天工业、化工业等。

不同工业部门拥有其自身的特点，如航天工业需要很多科学家工作；煤炭采掘需要靠近煤矿；家具厂需要尽量接近消费市场等等，而之所以具有这样的特点就是因为其成本构成的不同。

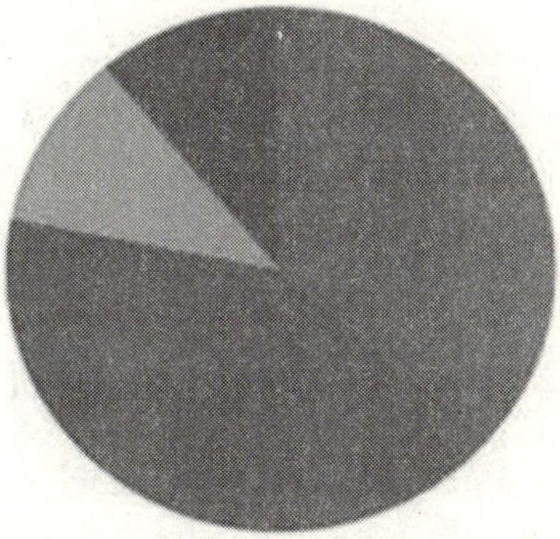

电解铝成本构成，由图可知电力是其主要的成本构成，
那么它应该靠近能源较便宜的区域设厂

原料指向型工业

通常指在生产过程中需要消耗大量原材料、其原料不便于运输、一般布局要求接近原材料产地的工业部门。

1.单位产品（吨）消耗大量原材料（数吨至几百吨）的工业部门，且原材料中含有的有效成分较低，失重比大，如有色金属冶炼及钢铁工业等。

2.原料不宜长途运输的工业，如制糖、茶叶初加工等。这类工业产品成本中，原材料费用通常占较大比重。

钢铁工业

甘蔗运输

动力指向型工业

动力指向型工业也叫燃料指向型工业。该类工业的特点是需要消耗大量的能量，该类工业的投资中，固定资产外能源所占比例很大，是影响该工业利润的主要因素，更是该工业布局要考虑的主要因素。这类工业主要是有色金属冶炼，比如炼铜、电解铝等以及化工工业，一般需要建在水电站或者坑口电站附近效益最好。

电解铝工业

电解铜工业

廉价劳动力指向型工业

劳动力指向型工业是指进行生产主要依靠大量使用廉价

劳动力，而对技术和设备的依赖程度低的产业。其衡量的标准是在生产成本中工资与设备折旧和研究开发支出相比所占比重较大，如纺织、服装、玩具、皮革、家具等制造

制鞋厂

服装厂

业，一般需要建在劳动力丰富的地区。

技术指向型工业

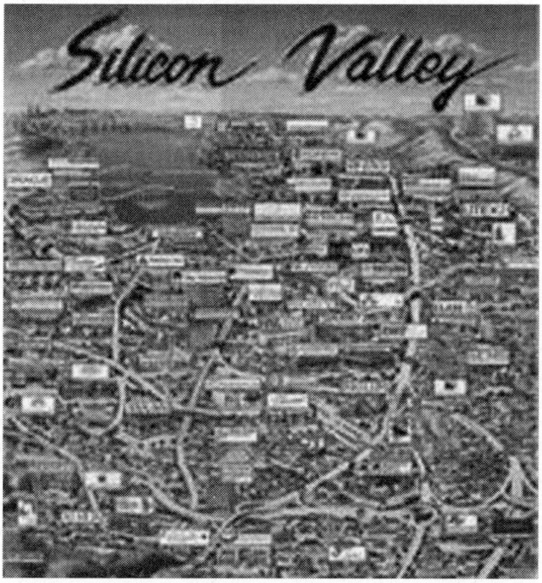

硅谷著名企业分布

技术指向性工业是指需要运用复杂先进的、现代化的科学技术才能进行生产的工业部门。“技术”包括先进的技术设备、高精尖技术产品和高知识水平的职工。这类工业多数属于需要花费较

多科研时间和产品开发费用、生产高精尖产品的技术领先部门，如电子计算机工业、航天和航空工业、集成电路工业、原子能工业等。有的把软件设计、信息处理、生物工程、系统工程等都归入技术密集工业。这类工业一般布局在科研院校密集的地区。

1951年斯坦福大学创建的斯坦福科技园用其厂房和实验用房而获得租赁和服务收入，成为硅谷发展的早期雏形。硅谷最早的创业者就是斯坦福大学的两名毕业生：威廉·惠利特(WiliamHewlett)和戴维·帕卡特(DavidPackard)。他们于1938年在一个车库里因研制出音频振荡器而共同创办了惠普公司(Hewlett—Packard)。在2010年硅谷150家公司总市值达到1.55万亿美元。

市场指向型工业

这类工业主要指产品不便于长距离运输或运输产品成本较高，或加工后成品体积增大又不便运输的工业，此类

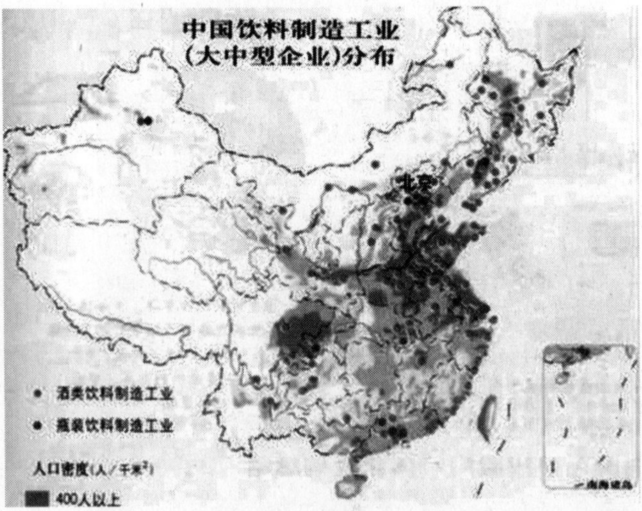

中国饮料制造工业分布

工业企业，多以靠近其销售地建厂。节省了运费，降低了成本。例如饮料厂，其成品体积比原料大，运输中又易损耗，空瓶装上液体物质后，重量又增加很多，故就地销售较好。类似的工业还有家具厂（成品）、印刷厂、食品厂等，这类工业一般靠近市场布局。

上述各种指向型工业从产品销售的角度来看都应该靠近市场，但越靠近市场地租越高，环保要求更高，同时市场与原料、燃料、劳动力在空间上很难重叠分布。另外，交通是现代工业布局的前提条件，对所有工业都很重要，在此就没有单独分类。

智慧卡片

钢铁工业区位经历了“移煤就铁”、“移铁就煤”、“移煤铁就市场”的变化，影响这种变化的主要原因是：科技进步使钢铁工业由原料指向型变为市场指向型工业。

走走想想看看

考察一个工业区，对其企业进行分类，并总结出分类规律及原因。

小风铃探究

在市场经济环境下，设厂的最主要目的是挣钱，获取利润，但是能不能只考虑经济效益呢？

不同指向型的工业靠近相应的因素是为了减少成本，提高经济效益，但是工业布局不仅仅考虑经济效益，也要注意生态效益和社会效益。如果环境严重污染，生态平衡破坏，经济效益和社会效益最终也将丧失。那么从环境保护出发，工业布局中还应注意哪些问题呢？

主导风向　对空气有污染的工厂特别是排放大量烟尘和有害气体的水泥厂、化工厂、钢铁厂等，应布局在城镇主导风向的下风地带。在冬、夏风向正好相反的地区，则要布局在同当地主导风向垂直的两侧。这样可以避免或减轻城镇的大气污染。

大气污染

水源　为了保持城镇用水清洁，自来水厂宜布局在城镇水源地或河流上游；对水体有污染的工厂特别是印染厂、造纸厂、电镀厂等的污水排放口应远离水源地，布局在城镇河流的下游，同时加强这些企业排污的无害化处理。

水污染

智慧卡片

主导风向：是指某地一年内平均风速最大的风向。

例如：

上海：主导风向是冬季多西北风、夏季多东南风，最大风速10级。

海口：全年以东北风为主导风向，其次为东风和东南风，正常风力为4级以下。

市区的食品厂

钢铁厂的废渣“山”

距市区远近 规模小、无污染的工厂如食品厂、印刷厂可以有组织地布局在城区；用地规模大、对环境有轻度污染的工厂如机械厂、棉纺厂可以布局在城区边缘或近郊；

兰州地形图

兰州空气污染

对环境有严重污染的大型企业如钢铁厂、火电厂等，应布局在远离城市的郊区。

地形 冶金、化工等工厂，要布局在通风良好的地区，如果布局在山谷、盆地中，工厂排放的废气不能迅速消散，就会严重影响人们的身心健康和生产安全。

全省循环经济示范区 全国工业旅游示范点 国家级能源化工基地

陕西榆神化工业基地

适当集中，综合利用　某些工厂排放的“三废”，可能恰是另一些工厂所需要的原料，把这些相关工厂成组布局，开展综合利用，变废为宝，化害为利。这样既可提高经济效益，又可保护环境。例如：有色金属冶炼厂排放的“废气”中，含有大量SO_2，危害很大，如回收利用，可建硫酸厂；粉煤灰是火电厂排放的一种主要污染物，如回收利用，可建粉煤灰建筑材料厂。

设置防护带　例如：上海金山卫石油化工区的布局，除了充分考虑盛行风向的影响外，在工业区和居民区之间还设置了一条一定宽度的卫生防护带，在这里植树造林，利用树林吸烟滞尘、净化空气、减弱噪声，同时也美

城市中的绿化带

污水处理厂

废气收集器

废渣处理

化了环境，为居民提供一个休闲场所。

作无害处理 通过合理布局、综合利用等还无法消除的“三废”，就要作无害处理。如通过建立污水处理厂处理污水；通过建立焚烧炉或深埋处理废渣；通过改造设备，增加除尘装置和化学手段，清除烟尘和有害气体等。

智慧卡片

不同企业产生的环境污染

化工厂：主要是有机、无机废物的污染如含氨、硫、苯、醛、醚类的物质，这些物质可以通过设备泄漏污染大气，通过风向四周传播；还可以通过污水排放污染河流和地下水。

炼钢厂：污染大气的有粉尘、CO、SO_2、氮氧化物；污染水的有挥发酚类氰化物、石油类、氨氮及悬浮物等。

总之，在工业布局中必须充分考虑环境保护问题，要把环境保护作为一个重要因素与其他因素结合起来考虑，使工业布局的三个效益和谐统一起来。

走走想想看看

考察一个当地的工业区或工厂，仔细分析该厂设立于此的原因。

用地理

超级跑车的品牌故事

法拉利汽车大部分采用手工制造，因而产量很低。年产量只有4，000辆左右。公司总部在意大利的摩德纳。它创建于1929年，创始人是世界著名赛车手、划时代的汽车设计大师恩佐·法拉利。

兰博基尼公司在制造跑车前是一家重要的拖拉机制造商。1963年夏季，恩佐·法拉利乘坐费鲁齐欧·兰博基尼所购买的

法拉利

拉博基尼

Ferrari250GT时，鲁齐欧·兰博基尼向法拉利提出该车的变速箱有缺点。恩佐·法拉利听后顿时脸色一沉说：“用不着制造农业机械车辆的人告诉我如何制造跑车！”自此，双方不欢而散。同时，费鲁齐欧·兰博基尼决定自行涉足跑车事业，制造性能更加卓著、工艺更加精湛的跑车。

第七章　我以后要开家奶茶店

智慧导航

宾仔学地理

和往常一样，宾仔会在中午上学路上买一大杯奶茶下午喝，当宾仔来到他熟悉的奶茶店，点他常喝的奶茶时，发现原来3块的奶茶涨到了5块。这让宾仔很气愤，怎么可以说涨价就涨价？面对宾仔的质疑，老板很淡定地告诉宾仔，房租涨了，水电涨了，原料也涨了，我的奶茶不涨，你难道叫我喝西北风？还语重心长地跟宾仔讲：“小朋友，做生意不容易，你长大了就明白了。”

宾仔还是气不过，觉得老板就是在忽悠小朋友，心里默默下决心：为了让和他一样喜欢喝奶茶的小朋友喝到好喝又便宜的奶茶，他以后要开一家奶茶店。

开店作为一种商业行为，是商业众多环节中的一环，也是我们接触最多的一环，它的呈现形式不仅仅是一家家的商店，也可以是城市的商业区。为了更好地满足宾仔开店的渴望，也不重复前面的学习内容，本章将重点讨论如何在城市中开店。

珍珠奶茶

一、商业

商业是个很奇怪的行业，它好像没有在生产任何东西，但商人们却非常富有，这里的财富秘密是什么呢？

商业是指专门从事商品交换活动的营利性事业，商业活动包括收购、储存、调运、销售四个主要环节，每个环节所起作用不同。

从商业活动的环节可以推断影响商业活动的三大基本要素：

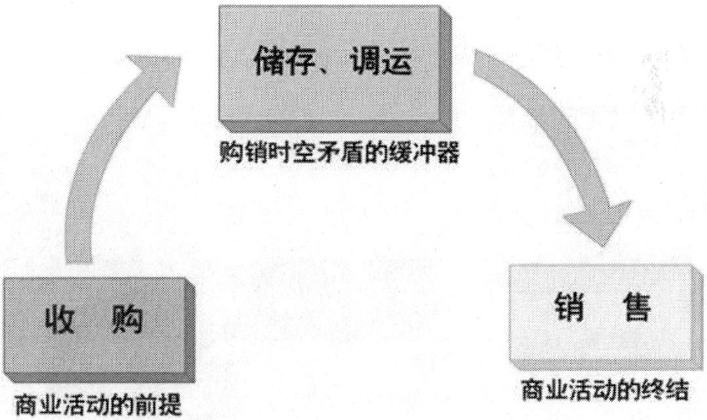

商业活动的主要环节

货源：货源主要是农业、工业生产活动的产品，因此一个发达的商业点必须有发达的生产制造基地作为后盾。

交通：通过前面的学习我们知道，产地和销售地往往并不重叠，这就需要交通条件将产品进行搬运，交通是商业得以发展的保障。

市场：销售是商业活动的最后环节也是最后目的，广阔的市场是产品销售的保障基础。

智慧卡片

仓储式商场

一种集商品销售与商品储存于一个空间的零售形式，能在一定程度上节约储存调运成本。这种商场规模大、投入少、价格低，大多利用闲置的仓库、厂房运行。

场内极少豪华装饰，一切以简捷自然为特色。商品采取开架式陈列，由顾客自选购物，商品品种多，场内工作人员少，应

欧洲第一大零售商——家乐福

台湾大型连锁量贩店——大润发

用现代电脑技术进行管理，即通过商品上的条形码实行快捷收款结算和对商品进、销、存采取科学合理的控制，既方便了人们购物，又极大提高了商场的销售管理水平。

用地理

浙江义乌的小商品城闻名世界，请按照我们对商业的了解，分析其发达的主要原因。

二、商店选址原则

小风铃探究

商业街上不断有店开张有店关门，有店生意兴隆，有店门可罗雀，可见开好一家店不容易。为尽可能地获得顾客，商店该选址在什么样的位置？

可视性

商店要吸引顾客，首先需要位于一个容易被看到的位置。假设商店的门面和户外广告对顾客产生的吸引力一样，那么，商店的最佳可视位置就在路口。因为与街道中部的位置相比，交叉口通常汇集了不同方向的人流和车流，因而会被相对较多的人注意到。

便捷性

商店的位置不仅要让路人注意到，而且要让顾客能进出方便。汽车已经成为人们出行购物的重要交通工具，公交站点与商店出入口的衔接是否方便，以及停车场的配置是否令人满意，越来越成为影响商店吸引力的主要因素。在大城市设计商场的出入口时更是充分考虑了与交通站点的联系，将商场的地下出入口与地铁出入口连接起来，使顾客能更方便地到达商场。

商业街上光彩夺目的广告牌

安全性

一个商店的安全性首先需要保证有很好的照明，因为足够的灯光不仅更容易吸引顾客，也可以降低交通事故和犯罪发生率，使顾客从心理上愿意光顾商店。

成都地铁部分站点穿过商业中心

另外顾客一般会认为商店与路面的落差小会更安全，所以，坡道设计要比阶梯设计好。

对于开车购物的人来说，有停车位、停车安全的地方更具吸引力，如有管理规范的停车场或者车位在可视范围内。

大型超市的停车场

管理规范的商场地下停车场

走走想想看看

考察所在城市的商店超市，对比分析其符合哪些选址原则。

三、商店与消费者

小风铃探究

“顾客是上帝”，一语就道破了商店与消费者的关系，摸清“上帝”们的分布和消费习惯非常重要。

商店在进行位置选择时，首先要决定在哪个区域更合适。

一般商店以接近人口密度较高的区域为宜，因为这里人口集中，可能被吸引的消费者数量也较多。商店往往布局

合肥某区域商业分布图，新开发的东侧商店数量更少

在城市人流量大的市中心，街道两侧。

商店规模的确定取决于区域购买力的分析调查，即你想把店开成小卖部还是大商场是由市场说了算。基本购买力通过区域人口数乘以人均收入分析得出，而经营高档商品的商店需要调查收入较高人群的购买力。

商店的选址还受到人文环境和消费习惯的影响。不同历史、宗教、国籍造成了不同的文化背景，同时不同收入阶层的消费特征也有明显的差异。例如，以经营进口商品为主的商店，一般接近外籍人口聚集区。

大商场

小卖部

清真食品

日本唐人街

调查城市不同层次的住宅区的分布，观察分析各区域商店的规模和档次的区别。

四、交通条件的影响

消费者要通过各种交通方式进入商店消费，一定意义上讲，道路就是财路，商店的选址和道路交通间有什么关系呢？

在初步选定合适的区域之后，商店就需要进一步确定地段。商店所在地的交通条件是评价地段区位优劣的重要判断依据。

是否靠近交通枢纽

交通枢纽是交通线上的重要结点，是人流、车流和物流交汇的地方，被认为是商店的理想区位之一。

交通枢纽可分为三级：第一级是指铁路、航海、航空和干线公路站点等对外交通枢纽；第二级是指市内轻轨、地铁、快速干道的站点或出入口；第三级是汽车公交站点。交通枢纽的等级不同对其周围商业活动的影响也不同。

商店所临道路的等级、隔离带的设置、走向、曲度和坡度。

交通流量大的城市的交通干线，由于影响交通畅通且不便于顾客停留，其两侧通常不宜于布置密集的或客流较大的商业设施。

江西新余站前路商业街

从道路宽度来看，道路太宽或者有隔离带，会阻碍顾客在道路两侧的穿行，道路对两侧的商店不利。

从道路的走向来看，夏季受强烈西晒和冬季缺少阳光一侧的商店处于劣势地位。

从道路的坡度和曲度来看，可视性差和不适合停车的位置欠佳。

商场促销造成大堵车

停车场

具有一定

营业面积的商店最好能够配置合适面积的停车场。近年来，开私家车购物已成为城市居民购物的一种趋势。停车场的设施设备对私车购物者的影响非常大。

调查所在城市配有停车场的商店，并在地图上标明，并分析设置停车场的必要性。

五、周边商店的影响

很多人都把同行看成冤家，进行恶性竞争，最终两败俱伤。同行间就没有互利的时候吗？

商店之间的关系如同自然生态系统中的食物链，主要有竞争关系和互相促进关系。

市场定位相似的企业会形成空间竞争关系，为了避免恶性竞争的发生，相邻的商店往往通过细分市场进行错位竞争。

功能互补的商店会形成相互促进的关系，例如，娱乐业周边经营餐饮业，医院附近可以开设药店和鲜花礼品店。

商店常常聚在一起，形成了商业街和不同等级的商业中心。原因在于众多商业企业的聚集不仅会提升整个商业区的规模，不同行业的聚集还会促进整个区域功能的综合化、高级化，提升商业区的知名度。

智慧卡片

徐家汇商业圈的“分工”

著名的徐家汇商业中心，大型商厦或购物中心细分市场定位明确，太平洋百货以中档偏高的流行服饰为主，东方商厦主要经营高收入人群喜爱的国际知名品牌，第六百货则侧重于工薪阶层，此外，还有各种专业店，形成了具有特色的著名商业街。

总之，位于商业中心大型商厦和周边的中小商店已经形成了满足现代消费者购物和休闲一体化的需求，集餐饮、购物、娱乐和住宿为一体的、充满竞争力的现代综合性商业圈。

上海徐家汇商业圈

走走想想看看

去逛逛街，看看那些相同商店间如何开展竞争与合作？

地理百科

中国古代重农抑商政策

中国封建社会的经济基础是自给自足的自然经济，农业是最具决定性的生产部门，农业生产的状况直接关系到国家兴衰和人民生计，对于人们来说，拥有土地可以榨取巨额财富，且地租收入较稳定，是发家致富的最好手段；同时对封建国家而言，农业的发展可使人民安居乐业，人丁兴旺，使国库粮仓充盈，既可内无粮荒、动乱之虞，也可外无侵扰之虑。与此同时，私人工商业主一方面通过商品交换与高利贷盘剥农民，另一方面商业活动丰厚的利益回报又吸引着相当一部分农民“舍本趋末”，从而大大削弱了王朝的统治基础。因此历代统治者都把发展农业当作“立国之本”，而把商业当成“末业”来加以抑制。

汉朝抑商政策规定：第一，不许商人穿丝绸衣服，不许乘车或骑马；第二，不许商人“名田”，即购买土地，“犯者以律论”；第三，不许“推择为吏”，即不许商人及其子孙到官府去做官。

第八章　家门口的汽车站

智慧导航

宾仔学地理

人世间最悲痛的事是什么？这问题很玄，但对于宾仔而言这是个很容易回答的问题：“大清早被汽车喇叭吵醒”。宾仔就一直很喜欢他家这个小区，虽然也因离市中心的KFC远点抱怨过几句，但这里安安静静，住得很舒服。这两年附近路多了，还从老城区搬来了一个长途汽车站，这一下子就让人不得安宁了，宾仔开始不乐意了。

有一事宾仔一直想不明白，长途汽车站为什么要搬过来？而且他家旁边还陆陆续续建了很多个批发市场，这下就更热闹了！

这些问题的出现，说明交通对生活有着密切影响。下面我们就从地理的角度去了解交通。

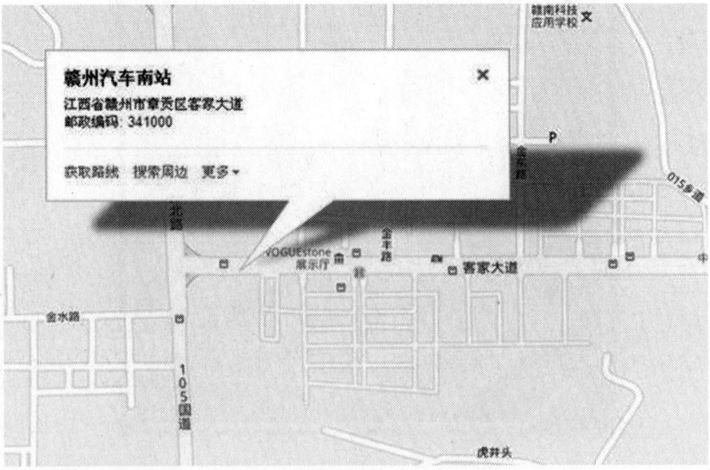

赣州汽车南站位于国道与城市干道交汇处

一、交通

小风铃探究

交通只是将人和物运来运去，但就是一个这样“简单”的工作为什么那么受重视？

交通是人和物借助交通工具的载运，产生有目的的空间位移。

交通运输是经济发展的基本需要和先决条件，是现代社会的生存基础和文明标志，也是经济的基础设施和重要纽带，是现代工业的先驱和国民经济的先行部门，资源配置和宏观调控的重要工具，国土开发、城市和经济布局形成的重要因素，对促进社会分工、大工业发展和规模经济的形成，巩固国家的政治统一和加强国防建设，扩大国际经

修路宣传标语

雪域高原上的青藏铁路

贸合作和人员往来发挥重要作用。

总之，交通运输具有重要的经济、社会、政治和国防意义。

走走想想看看

查阅《中国铁路分布图》观察中国铁路分布疏密状况，并分析其对区域经济影响。

智慧卡片

京九线建设与香港回归

中华人民共和国成立以来，通过铁路线，祖国内地每年向香港运送大量急需的农贸、工业物资，保证和促进了香港的繁荣稳定。从祖国内地通往香港的铁路线被香港同胞称为“生命线”。1996年9月1日，距离香港回归303天，又一条纵贯华夏南北、连通香港九龙的“生命线”——北京至九龙新建铁路胜利开通运营。这是祖国人民为迎接回归奉献的一份厚礼，是十几万铁路建设者用热血和汗水谱写的一曲壮观的迎回归交响乐。自1993年以来的4年中，英雄的铁路建设者艰苦鏖战，顽强拼搏，以一流的速度、一流的质量创造了新中国成立以来我国铁路建设史上一次建成里程最长、投资规模最大、建设周期最短的奇迹。不仅为香港回归，也为京九沿线两个革命老区和华南侨乡的开放与致富，作出了自己的贡献。

二、交通与城市

将一个村庄变成一个省会要多少年？可以很快，如果它如石家庄那样幸运的话。

城市交通是城市之间，以及城市内部人员、物资、信息互动交流的前提，也是城市日常生活与社会生产活动的基础。具体来讲交通对城市的影响可以归纳成以下几个方面。

交通影响城市的兴衰

我们先来看两个城市的历史片段

扬州与京杭大运河

隋炀帝开凿大运河，在航运为主要运输途径的年代，促进了大运河沿岸城市的经济发展，而扬州地处大运河入江要道，成为南来北往的运输中心，使得大量的财富聚留在这里。

据史料记载，扬州在16世纪中叶，即明朝时期曾一度是全世界经济最繁华的地方，这其中盐业的贡献是非常巨

京杭大运河经过的主要城市

石家庄鸟瞰图

大的。

从19世纪后期开始，陆路交通开始发展，扬州也自此走向衰败，到解放初期，扬州只有两个半工厂，基本没有工业。

火车拉来的城市——石家庄

石家庄听这名字就觉得“土气”，总觉得就是“高老庄”隔壁的一个村庄，可它又的的确确是河北省的省会，是华北平原上的重镇。

20世纪初，石家庄村的面积还不足0.1平方公里，仅有200户人家，600余口人。1902年京汉（北京—汉口）铁路修到了石家庄，并在石家庄设立了车站，1903年石太（石家庄—太原）铁路动工兴建。由于偶然的因素，石家庄成了两条铁路的交汇点，而由此带来了一个区域在世纪之初的重大变故，一个乡野小村被隆隆的车轮托起，使河北省的政治、经济、军事、文化中心南移，先取代正定，后取代保定，成为控燕京南门、扼冀晋咽喉、连齐鲁中原的华北重镇。

通过以上两个故事，我们可以看出，城市的兴衰与交通密切相关，交通兴则城市兴，交通没落则城市衰败。

交通对城市形态的影响

城市形态可以简单地认为是城市在空间上的几何形态，即城市看上去是什么样。

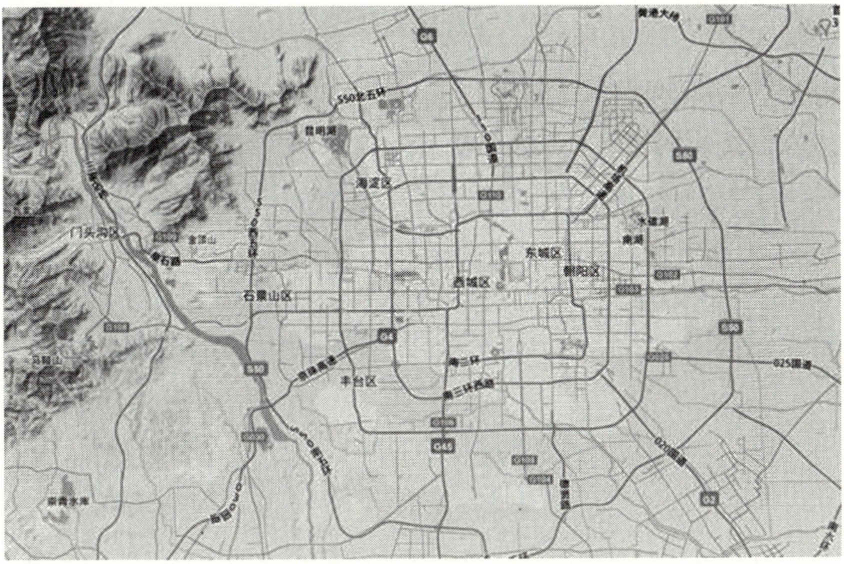

平原地区的北京城市形态呈团状

交通对城市形态的影响，可以简单地概括为，城市沿交通线拓展。在日常生活中经常可以看到城市新区先修好公路，各类建筑再沿公路两侧发展起来。

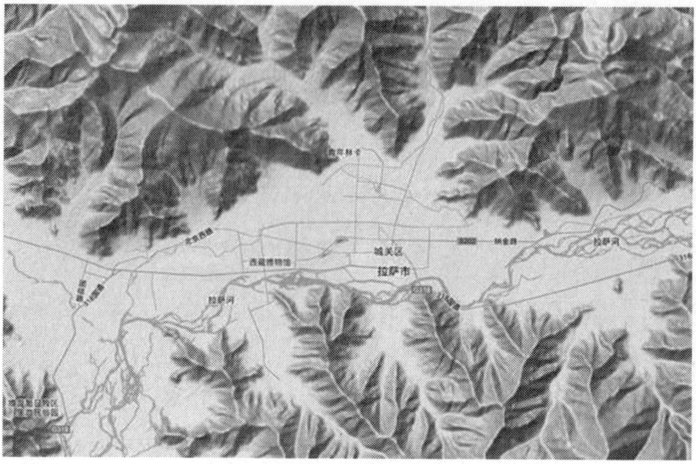

青藏高原上的拉萨沿河而建

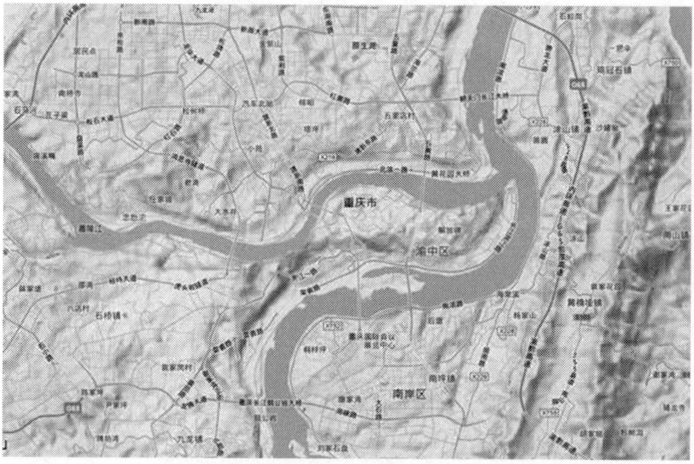

长江的分割使重庆街区呈带状分布

从卫星遥感图上可以看出武汉城市拓展方向有沿江、沿路的特点

走走想想看看

考察你所在城市，分析影响本城市形态的因素有哪些。

三、常见交通运输方式

小风铃探究

不同的交通方式都有它的优缺点，只有对运输对象最合适的才是最好的交通运输方式。

不同的交通方式都有它的优缺点，只有对运输对象最适合的才是最好的交通运输方式。

铁路

铁路运输与其他各种现代化运输方式相比较，具有运输能力大，能够负担大量客货运输的特点，每一辆列车载运货物和旅客的能力远比汽车和飞机大得多。

速度快是铁路运输的另一特点，常规铁路的列车运行速度一般为每小时80公里左右，而在高速铁路上运行的旅客列车时速目前可达210～360公里。铁路货运速度虽比客运慢些，但是每昼夜的平均货物送达速度也比水路运输快。

此外，铁路运输成本也比公路、航空运输低。运距愈长，运量愈大，单位成本就愈低。

铁路运输一般可全天候运营，受气候条件限制较小。同时具有安全可靠性，环境污染小和单位能源消耗较少等优点。

中国高铁

由于铁路运输具有上述的技术经济特点，因此，铁路运输极适合国土幅员辽阔的大陆国家；适合运送经常的、稳定的大宗货物；适合运送中长距离的货物运输以及城市间的旅客运输的需要。

公路

公路运输是现代运输的主要方式之一，它的主要优点是机动、灵活性强，而且对客运量、货运量大小具有很强的适应性。

大货车

由于汽车运输灵活方便，可实现门到门的直达运输，因而不需要中途倒装，既加速了中短途运输的送达速度，又加速了货物资金周转，有利于保持货物的质量和提高客货的时间价值手段。

公路运输还可负担铁路、水路运输达不到的区域内的运输，它是补充和衔接其他运输方式的运输手段。

在短距运输时，汽车客运速度明显高于铁路，但在长途运输业务方面，有着难以弥补的缺陷：第一是耗用燃料多，造成途中费用过高；第二是机器磨损大，因此折旧费和维修费用高；第三是公路运输所耗用的人力多，如一列火车车组人员只需几个人，若运送同样重量的货物，公路运输则需配备几百名司机。因此汽车运费率远高于铁路和水路；此外，公路运输对环境污染较大。

总之，公路运输（高速公路除外）与其他运输方式相比，投资少、资金周转快、投资回收期短，且技术改造较容易。汽车运输的出现还不到100年，但在载货吨位、品种、技术性能、专用车种类等方面都有了很大的改进与提高，能较好地满足社会经济发展对运输的需要。

智慧卡片

公安部专家建议取消超长途汽车客运

公安交通部门的统计资料显示，近年来发生的导致10人以上死亡的重特大交通事故中，运输里程在1000公里以上的超长途汽车客运事故占了很大比例。鉴于超长途汽车客运存在安全隐患，公安交通部门有关专家建议，应该逐渐减少甚至取消这一交通运输方式。

航空运输

航空运输在20世纪迅速崛起，是运输行业中发展最快的行业。

与其他运输方式相比，航空运输最大的特点是速度快，并且具有一定的机动性。

在当今的时代，高速性具有无可比拟的特殊价值。现代的喷气运输机，时速一般在900公里左右，比火车快5～10倍，比海轮快20～25倍。

航空运输不受地形地貌、山川河流的阻碍，只要有机场并有航路设施保证，即可开辟航线，如果用直升机运输，则机动性更大。

其缺点是载运能力小、能源消耗大、运输成本高。

水路运输

水路运输的输送能力相当大。在海洋运输中，目前世界上超巨型油船的载重量达55万吨，巨型客船已超过8万吨。海上运输在条件允许的情况下，可改造为最有利的航线，因此，海上运输的输送能力比较大。

由于水路运输具有占地少、运量大、投资省、运输成本低等特点，在运输长、大、重件货物时，与铁路、公路相

可运载海上钻井平台的巨型运输船

比，水上运输更具有突出的优点。对过重、过长的大重件货物，铁路、公路无法承运，而水上运输都可以完成。对大宗货物的长距离运输，水路运输则是一种最经济的运输方式。但水路运输速度通常比铁路运输等运输工具慢，而且受自然条件的限制较大，冬季河道或港口冰冻时即须停航，海上风暴也会影响正常航行。

管道运输

管道运输是使用管道输送流体货物的一种运输方式。它是随着石油工业发展而兴起，并随着石油、天然气等流体燃料需求的增加而发展，逐渐形成沟通石油、天然气资源与石油加工场地及消费者之间的输送工具。管道不仅修建在一国之内，还连接国与国之间，甚至达到洲与洲之间，成为国际、洲际能源调剂的大动脉。

管道运输在最近几十年得到了迅速的发展。主要的流体能源以石油、天然气、成品油为输送对象，之后发展到输送煤和矿石等固体物质，将其制成浆体，通过管道输往目的地，再经脱水处理转入使用。管道运输具有输送能力大（管径为1200毫米的原油管道年输送量可达1亿吨）、效率高、成本低及能耗小等优点。由于管道埋于地下，除泵站、首末站占用一些土地外，管道运输占用土地少，且不受地形与坡度的限制，易取捷径，可缩短运输里程；埋于地下基本不受气候影响，可以长期稳定运行；沿线不产生噪音且漏失污染少。管道输送流体能源，主要依靠每隔一段距离设置的增压站提供压力能，因此，设备运行比较简单，易于就地自动化和进行集中遥控，由于节能和高度自动化，用人较少，运输费用较低，是一种很有发展前景的现代化运输方式。当然，管道运输也存在一些缺点，它适于长期定向、定点、定品种输送，合理输量范围较窄，若输量变

石油运输管道

化幅度过大，则管道的优越性就难以发挥，更不能输送不同品种的货物。

用地理

请设计一个运输方案，将10000吨大米从东北运到上海。

四、交通运输中的点与线

小风铃探究

大部分城市机场建在城市的边缘。同样是山区，铁路挖掘隧道通过而公路却可以建盘山公路。同一个国家，有的地方可日行数千里，有的地方却寸步难行。

在日常生产生活中，根据运输物品的种类、运输量、运输距离、运输时间、运输费用等要素决定选择合适的交通运输方式。

交通运输网是由众多的“点”、“线”组成，这里的“线”可以是铁路、公路、航线、管道等，而“点”则指的是港口、车站、航空港等。

一个区域是否需要布局一条铁路或一个车站，主要由区域人口城市分布、经济发展状况决定，只要有这个需要有这个实力，我们会在世界屋脊上修铁路，在群山峻岭中筑公路。所以社会经济因素起到了决定性的作用，而科学技术起到了保障作用，需要克服的是自然环境对交通布局的阻碍作用。

交通“线”和“点”的布局在现实中会遇到一些什么样的障碍？又需要注意些什么问题呢？

地形

平坦的地形限制少；起伏大的地形——铁路多要钻洞架桥，工程难度大；公路、管道需要沿着等高线延伸；河流湍急，不利于航行；对航空影响小。

天门山盘山公路

南昆铁路清水河大桥

地震中被掩埋的车辆

地质

地震、滑坡、泥石流、塌陷等对公路、铁路破坏巨大，在地质灾害多发区筑路时，要有相关抗灾设计。

青藏铁路为克服冻土影响大量采用以桥代路运行方式

气候

暴雨、洪涝、冻土会影响公路、铁路，大风、雾等会影响水运和航空。比如青藏铁路为克服高原冻土带，大量采

大雾中的船舶，可见度很低

用以桥代路的运行方式。

智慧卡片

冻土：是指0℃以下，并含有冰的各种岩石和土壤。

土地

交通线在布局中应该尽量少占耕地，尤其是良田，所以新修建的“京沪高铁”全长1318公里中桥梁长度占到了约1140公里，这样做的主要目的就是为了保护耕地。

汽车站

汽车站一般选在城市交通干道两侧，长途汽车站还要求连接市内外交通干线。如本章开始所提及的汽车站就是位

上海港分布在横穿上海市区的黄浦江两岸

于国道与城市干道的交汇处。

港口

港口可以分为河港和海港，当然也有港口是河港和海港重叠，如上海港。河港要求河宽水深，位于或靠近城市、公路铁路，交通便利，这样便于货物的吞吐；海港要求有背风、避浪、水深的海洋，从而便于大型船舶的停泊，也需要有便利陆路交通联系。

天然良港 ——胶州湾

航空港

由于现代客机的起降需要长距离的助跑，这就决定航空港的选址要地形开阔平坦、坡度适当，低云雾和暴雨较少，风速较小，而地势平坦面积广又容易发生积水，这就要求机场地势较高，地质条件要好。飞机的起降会有大量噪音，为避免扰民也为减少土地成本，机场离城市一般有一定距离。

首都国际机场

走走想想看看

展开城市地图，找出公交站台，分析公交站台的分布有什么样的规律？

地理百科

近代列强疯狂侵占中国港口

鸦片战争后，古老的泱泱大国丧失了天朝的尊严，撕去了神秘玄妙的面纱，打破了万世长存的神话。西方帝国“商业跟着炮舰”，纷至沓来，扑向中国这块肥肉，利用不平等条约攫取种种特权。

特别是19世纪末叶，德国侵占胶州湾，更引起严重恶果。德国侵占胶州湾，是我国近代史的重大事件。时论评曰：“以胶州湾的事变为发端，外患极度紧张，瓜分大祸迫在目前”、“德国之占据胶澳，实为列国之武力侵略我土地之始”。史实是：“帝国主义早已在瓜分中国了，而胶州湾事件……加剧了这种瓜分，或者说引爆了新的瓜分狂潮”。

“自德国以暴力占据胶州湾以后，各国纷纷效尤，我国沿海之良港，几尽没于异族。”1897－1899年，不到三年时间，德国、俄国、英国、法国、日本等列强瓜分我沿海港口，强占我海防门户，以致除所谓条约口岸如天津、营口、烟台、上海、温州、杭州、广州等商港外，其他口岸几尽为军港，炮舰相连，兵戈相望，我国漫长的海岸线，从辽宁到两广，已经“找不到可以作为自己海军根据地的港口”了，中国的进出口贸易也尽入敌手，严重打击了当时本已脆弱的中国主权和经济，如此惨痛的教训值得后人铭记。

图书在版编目（CIP）数据

学以致用 / 谭礼，罗奕奕主编. -- 南昌 ：百花洲文艺出版社，2012.12
（地理大千世界丛书 / 叶滢主编）
ISBN 978-7-5500-0466-5

Ⅰ. ①学… Ⅱ. ①谭… ②罗… Ⅲ. ①地理－青年读物②地理－少年读物
Ⅳ. ①K9-49

中国版本图书馆CIP数据核字(2012)第295271号

学以致用

策　划　宝骏建华
主　编　叶　滢
本册主编　谭　礼　罗奕奕

出 版 人　姚雪雪
责任编辑　余　茳　李莉娟
特约编辑　万仁荣
美术编辑　彭　威
制　　作　张诗思
出版发行　百花洲文艺出版社
社　　址　南昌市阳明路310号
邮　　编　330008
经　　销　全国新华书店
印　　刷　江西千叶彩印有限公司
开　　本　787mm×1092mm　1/16　　印张　11
版　　次　2013年1月第1版第1次印刷
字　　数　120千字
书　　号　ISBN 978-7-5500-0466-5
定　　价　18.70元

赣版权登字 05-2012-157

邮购联系　0791-86894736
网　　址　http://www.bhzwy.com
图书若有印装错误，影响阅读，可向承印厂联系调换。